Bernhard Irlinger

Genußradeln auf dem Donauradweg

zwischen Donaueschingen und Passau

Steiger-Radführer

Bernhard Irlinger

Genußradeln auf dem Donauradweg

zwischen Donaueschingen und Passau

63 Farbabbildungen,
30 Tourenkarten
und eine Übersichtskarte

STEIGER VERLAG

Der Autor:
Bernhard Irlinger arbeitet seit Abschluß seines Geographiestudiums als freier Journalist und Autor. Neben Radiobeiträgen und Zeitschriftenartikeln entstand eine Vielzahl von Rad- und Wanderführern. Die Touren dieses Bandes sind alle aktuell recherchiert und fotografiert. Vom selben Autor sind im Steiger Verlag die Bände »**Genußradeln im Schwarzwald**«, »**Genußradeln auf der Schwäbischen Alb**« und »**Wanderungen auf Kreta**« erschienen.
Die Fortsetzung des Donauradwegs in Österreich und der Slowakei (mit dem Oberösterreichischen Kulturradweg) behandelt der Steiger-Radführer von Linda O'Bryan und Hans Zaglitsch »**Genußradeln auf dem Donauradweg zwischen Passau und Bratislava**«.

Die Deutsche Bibliothek – CIP-Einheitsaufnahme

Irlinger, Bernhard:
Genußradeln auf dem Donauradweg zwischen Donaueschingen und Passau / Bernhard Irlinger. – Augsburg : Steiger, 1999
(Steiger-Radführer)
ISBN 3-89652-161-6

Gedruckt auf chlorfrei gebleichtem Papier.

Konzeption: Dr. Petra Altmann
Lektorat: Frank Auerbach, München
Kartenskizzen: Ingenieurbüro für Kartographie Heidi Schmalfuß, München
Layoutentwurf: VerlagsService Dr. Helmut Neuberger & Karl Schaumann, Heimstetten
Satz und Layout: Frank Menge
Reproduktion: Typework Layoutsatz & Grafik GmbH, Augsburg
Druck und Bindung: Appl, Wemding

Einbandvorderseite: Harburg bei Donauwörth
Seite 1: Die Walhalla bei Donaustauf (Tour 22)
Einbandrückseite: Steinerne Brücke, Regensburg
Seite 2/3: Blick vom Bogenberg auf das Donautal (Tour 23).
Soweit nicht anders angegeben, stammen alle Abbildungen vom Autor.

Printed in Germany
ISBN 3-89652-161-6

Inhalt

= für Kinder besonders geeignete Touren

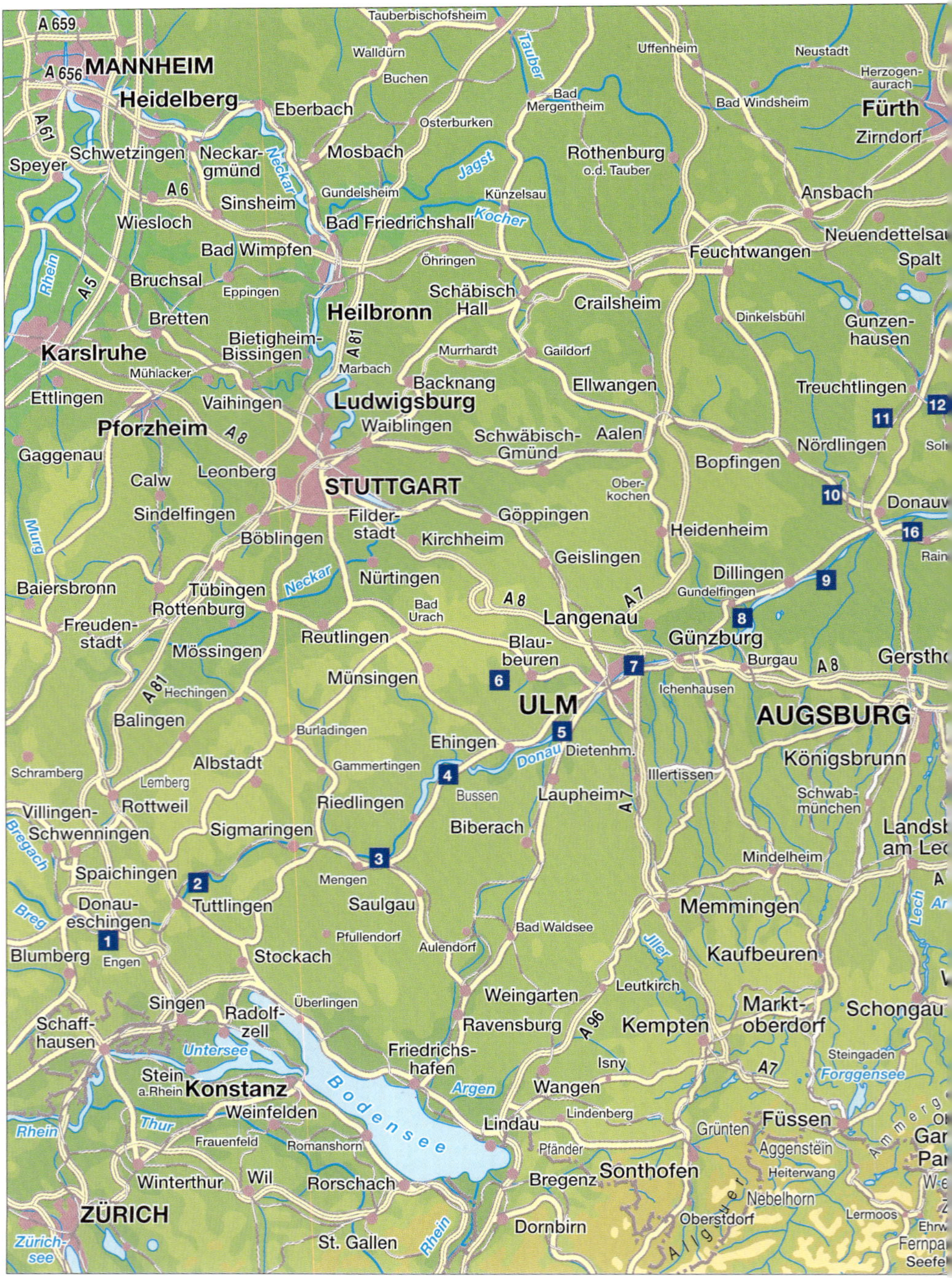
A 659
A 656
MANNHEIM
Heidelberg
A 61
Speyer
Schwetzingen
Neckar-
gmünd
A 6
Sinsheim
Wiesloch
Bad Wimpfen
Rhein
A 5
Bruchsal
Eppingen
Bretten
Karlsruhe
Mühlacker
Ettlingen
Pforzheim
A 8
Gaggenau
Calw
Leonberg
Sindelfingen
Böblingen
Murg
Baiersbronn
Tübingen
Rottenburg
Freuden-
stadt
Mössingen
A 81
Hechingen
Balingen
Schramberg
Lemberg
Rottweil
Villingen-
Schwenningen
Bregach
Spaichingen
Breg
Donau-
eschingen
Blumberg
Engen
Singen
Schaff-
hausen
Stein
a.Rhein
Konstanz
Untersee
Rhein
Thur
Frauenfeld
Weinfelden
Winterthur
Wil
ZÜRICH
Zürich-
see
Tauberbischofsheim
Walldürn
Buchen
Eberbach
Osterburken
Mosbach
Neckar
Gundelsheim
Bad Friedrichshall
Öhringen
Heilbronn
Bietigheim-
Bissingen
A 81
Marbach
Vaihingen
Ludwigsburg
Waiblingen
STUTTGART
Filder-
stadt
Neckar
Nürtingen
Reutlingen
Bad
Urach
Münsingen
Burladingen
Albstadt
Gammertingen
Riedlingen
Sigmaringen
Tuttlingen
Mengen
Saulgau
Pfullendorf
Stockach
Radolf-
zell
Überlingen
Bodensee
Romanshorn
Rorschach
St. Gallen
Rhein
Tauber
Bad
Mergentheim
Jagst
Künzelsau
Kocher
Schäbisch
Hall
Murrhardt
Gaildorf
Backnang
Schwäbisch-
Gmünd
Göppingen
Kirchheim
Geislingen
A 8
Blau-
beuren
Ehingen
Donau
Bussen
Biberach
Aulendorf
Bad Waldsee
Weingarten
Ravensburg
Friedrichs-
hafen
Argen
Lindau
Pfänder
Bregenz
Dornbirn
Uffenheim
Rothenburg
o.d. Tauber
Crailsheim
Ellwangen
Aalen
Ober-
kochen
Heidenheim
A 7
Langenau
ULM
Dietenhm.
Laupheim
A 7
Illertissen
Ichenhausen
Gundelfingen
Dillingen
Günzburg
Burgau
A 8
Memmingen
Iller
Leutkirch
A 96
Kempten
Isny
Wangen
Lindenberg
Sonthofen
Allgäuer
Oberstdorf
Nebelhorn
Grünten
Neustadt
Herzogen-
aurach
Fürth
Zirndorf
Bad Windsheim
Ansbach
Neuendettelsau
Spalt
Feuchtwangen
Dinkelsbühl
Gunzen-
hausen
Treuchtlingen
Nördlingen
Bopfingen
Donauw
Rain
Gersth
AUGSBURG
Königsbrunn
Schwab-
münchen
Landsb
am Lec
Mindelheim
Lech
Kaufbeuren
Markt-
oberdorf
Schongau
Steingaden
A 7
Forggensee
Füssen
Aggenstein
Heiterwang
Ammer
Lermoos
Ehrw
Fernpa
Seefel
1
2
3
4
5
6
7
8
9
10
11
12
16

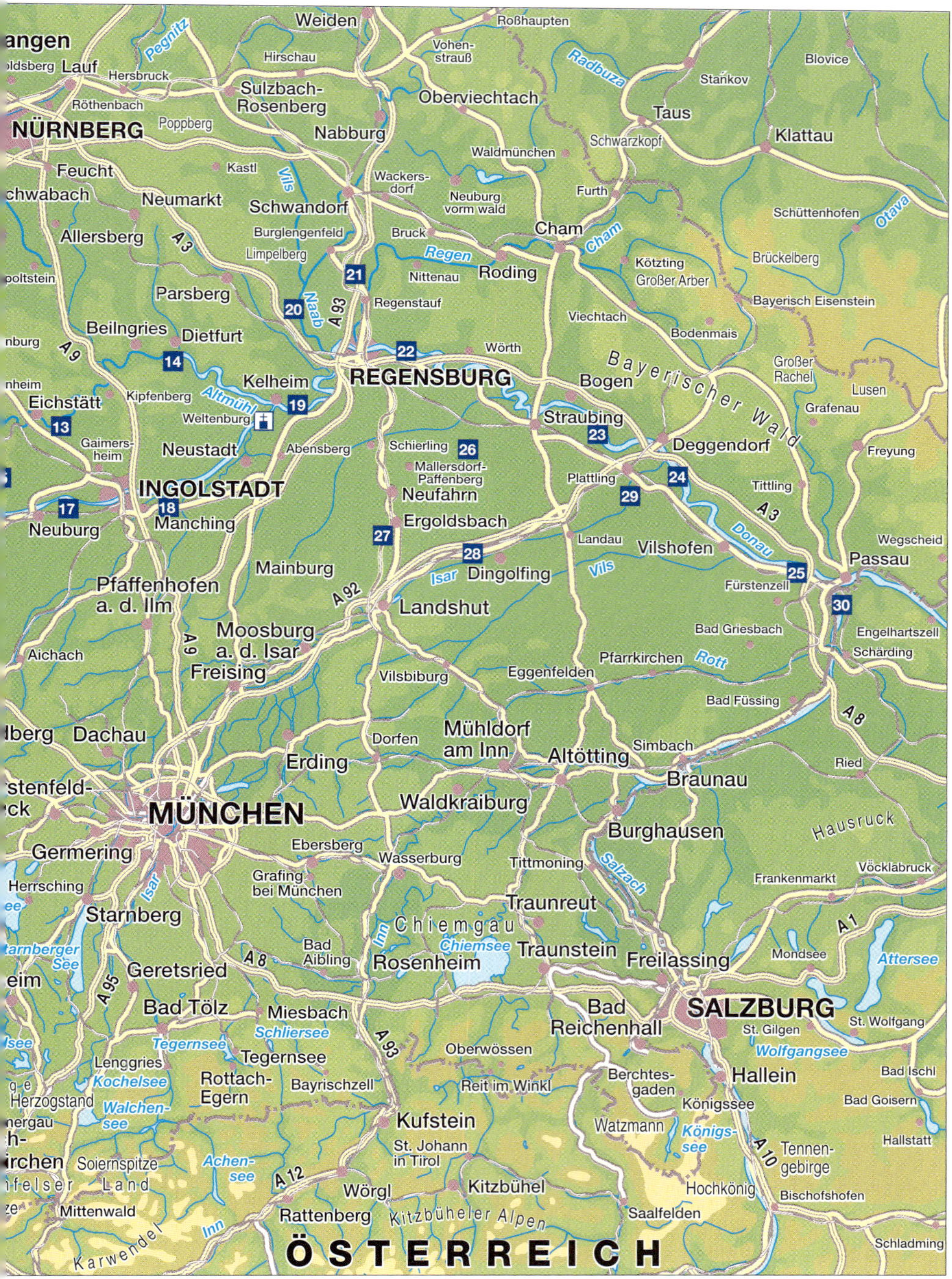
Weiden
Roßhaupten
Lauf
Hersbruck
Pegnitz
Hirschau
Vohen-
strauß
Radbuza
Stankov
Blovice
Röthenbach
Sulzbach-
Rosenberg
Oberviechtach
Taus
NÜRNBERG
Poppberg
Nabburg
Schwarzkopf
Klattau
Feucht
Kastl
Vils
Waldmünchen
Neumarkt
Schwandorf
Wackers-
dorf
Neuburg
vorm wald
Furth
Schüttenhofen
Otava
Allersberg
A3
Burglengenfeld
Bruck
Cham
Cham
Limpelberg
Regen
Kötzting
Brückelberg
21
Nittenau
Roding
Großer Arber
Parsberg
20
Naab
A93
Regenstauf
Bayerisch Eisenstein
Viechtach
Beilngries
Dietfurt
Bodenmais
A9
22
Wörth
14
Großer
Rachel
Kelheim
REGENSBURG
Bogen
Bayerischer Wald
Lusen
Eichstätt
Kipfenberg
Altmühl
19
Grafenau
Weltenburg
13
Straubing
23
Gaimers-
heim
Neustadt
Abensberg
Schierling
26
Deggendorf
Freyung
Mallersdorf-
Pfaffenberg
24
INGOLSTADT
Plattling
Tittling
Neufahrn
29
17
18
Manching
A3
Neuburg
Ergoldsbach
Donau
Wegscheid
27
Landau
Vilshofen
28
Passau
Mainburg
Dingolfing
Vils
25
Isar
Pfaffenhofen
a. d. Ilm
A92
Fürstenzell
30
Landshut
Bad Griesbach
Engelhartszell
Moosburg
a. d. Isar
A9
Aichach
Schärding
Pfarrkirchen
Rott
Freising
Vilsbiburg
Eggenfelden
Bad Füssing
A8
Dachau
Mühldorf
am Inn
Dorfen
Simbach
Erding
Altötting
Ried
Braunau
Waldkraiburg
MÜNCHEN
Hausruck
Burghausen
Germering
Ebersberg
Wasserburg
Tittmoning
Vöcklabruck
Salzach
Frankenmarkt
Herrsching
Grafing
bei München
Isar
Traunreut
Starnberg
A1
Inn
Chiemgau
Chiemsee
Traunstein
Bad
Aibling
Mondsee
Attersee
A8
Freilassing
Rosenheim
Geretsried
A95
Bad
Reichenhall
SALZBURG
Bad Tölz
Miesbach
St. Gilgen
St. Wolfgang
Schliersee
A93
Tegernsee
Oberwössen
Wolfgangsee
Lenggries
Tegernsee
Berchtes-
gaden
Kochelsee
Rottach-
Egern
Reit im Winkl
Hallein
Bad Ischl
Bayrischzell
Herzogstand
Walchen-
see
Königssee
Bad Goisern
Kufstein
Watzmann
Königs-
see
Hallstatt
A10
St. Johann
in Tirol
Tennen-
gebirge
Soiernspitze
Achen-
see
A12
Kitzbühel
Hochkönig
Wörgl
Bischofshofen
Mittenwald
Rattenberg
Kitzbüheler Alpen
Saalfelden
Inn
Karwendel
ÖSTERREICH
Schladming

Bei Gundelfingen führt der Donauradweg ein kurzes Stück an der beschaulichen Brenz entlang (siehe Tour 8).

Einführung

Radeln an der Donau

Auf einer Länge von nahezu 600 Kilometern verbindet der gut ausgeschilderte Donauradweg Donaueschingen mit Passau. Von Jahr zu Jahr sind es mehr Genußradler, die sich auf die lange Reise begeben. Sie werden nicht enttäuscht, denn hier wird der Begriff »Genußradeln« mit Leben erfüllt. Weitgehend auf schmalen Straßen oder Radwegen rollt man am Fluß entlang. Anstiege sind selten und kurz. Es bleibt genügend Muße, um die landschaftlichen Reize zu genießen.
Gerade der Donauraum bietet neben der Natur eine Vielzahl kultureller Sehenswürdigkeiten. Wie an einer Perlenschnur sind die altehrwürdigen Städte aufgereiht.
Man stößt auf die Spuren von Steinzeitmenschen, Kelten und Römern und fühlt sich in Klöstern und Burgen in das Mittelalter zurückversetzt. Renaissance-Schlösser und die Vielzahl barocker Kirchen und Klöster runden die Reise in die Geschichte ab.
Wer die Nebenflüsse der Donau entdecken möchte, der findet in diesem Führer die Beschreibungen einiger Alternativrouten. Zwei kürzere Abstecher führen von Regensburg in die Täler von Naab und Regen und von Passau am Inn entlang. Eine längere Route leitet von Donauwörth über das Nördlinger Ries in das beschauliche Altmühltal. Die zweite große Alternativschleife läuft von Straubing zur niederbayerischen Metropole Landshut und entlang der Isar zurück zur Donau.
Die beiden längeren Abstecher lassen sich mit dem Donauradweg hervorragend zu mehrtägigen Rundtouren verknüpfen.
Neben den detaillierten Wegbeschreibungen liefert eine Fülle übersichtlich angeordneter Zusatzinformationen in Vor- und Nachspann zu jeder Tour die notwendigen Tips für die Fahrt auf dem Donauradweg. Radreparaturwerkstätten sind ebenso schnell gefunden wie eine Übernachtungs- oder eine Einkehrmöglichkeit.

Die Vielfalt der Landschaft

Aus dem Schwarzwald kommend, vereinigen sich Brigach und Breg nahe Donaueschingen zur Donau, die als zweitlängster Strom Europas nach 2850 Kilometern an der rumänischen Küste in das Schwarze Meer mündet. In einem mächtigen Durchbruchstal fließt die Donau zunächst zwischen steil aufragenden Wänden durch die Schwäbische Alb. Der Wandel, dem ein Flußlauf unterworfen ist, wird zwischen Ehingen und Ulm deutlich. Einstmals, ehe sie ihren Weg am Südrand der Alb fand, schnitt die Donau das enge Tal in die Juraberge, durch das heute die Blau nach Ulm fließt.
Zwischen Ulm und Weltenburg sucht sich die Donau ihren Weg durch eine weit ausladende Tallandschaft. Eine Alternativroute führt uns von Donauwörth in das Nördlinger Ries, das vor etwa 15 Millionen Jahren durch den Einschlag eines gigantischen Meteoriten entstand. Von Treuchtlingen radelt man anschließend durch das enge Tal, das die Altmühl gegraben hat, flußab nach Dollnstein. Hier mündet von Süden das Wellheimer Trockental ein, durch das einstmals die Donau floß. Bei Dollnstein änderte sie die Richtung und grub das geräumige Tal, das später den Unterlauf der Altmühl aufnahm. Danach fand die Donau den Weg am Südrand der Fränkischen Alb nach Weltenburg. Dort, beim malerisch gelegenen Kloster, schürfte sie eine spektakuläre Schlucht in die hellen Jurafelsen.

Als breiter, träger Strom durchfließt die von Dämmen eingefaßte Donau die weiten Ebenen Niederbayerns (siehe Tour 24).

In Regensburg erreicht die Donau ihren nördlichsten Punkt; anschließend fließt sie am Fuße des Bayerischen Waldes durch die weite Gäubodenlandschaft nach Passau. Abwechslungsreiche Radeltage in einer vielgestaltigen, schönen Landschaft liegen hinter uns. Das milde Klima, das Touren vom Frühjahr bis in den späten Herbst gestattet, tut ein übriges, um das Radeln entlang der Donau zu einem wahren Genuß werden zu lassen.

Der Mensch und der Strom

Seit dem Beginn der Menschheitsgeschichte in Mitteleuropa siedelten sich unsere Vorfahren im Donauraum an. Vor allem in den höhlenreichen Tälern der Nebenflüsse fanden die Eiszeitjäger ideale Lebensbedingungen. In der Jungsteinzeit wanderte eine neue Volksgruppe, seßhafte Ackerbauern und Viehzüchter, von Südosteuropa her entlang der Donau nach Süddeutschland. Auf gleichen Wegen folgten die Bronzezeitmenschen und im ersten vorchristlichen Jahrtausend die kulturell hochstehenden Kelten.
Um Christi Geburt drangen die Römer in den Raum nördlich der Donau vor. Sie bauten Straßen und gründeten mächtige Städte wie Regensburg. Östlich der Altmühlmündung diente ihnen die Donau als natürliche Grenze, westlich schoben sie ihren Machtbereich über den Fluß nach Norden.
Die Zeit der Römer endete während der Völkerwanderung. Fränkische, bayerische und alemannische Volksstämme ließen sich nieder. Bis heute zeichnen die Dia-

lektgebiete die damals gezogenen Stammesgrenzen nach. Bald faßte die Kirche Fuß und wurde zum mitbestimmenden Faktor der Entwicklung. Sie gründete mächtige Klöster und Bistümer, die mit den Adelsgeschlechtern und den aufstrebenden Städten um die Vorherrschaft rangen.
Im Mittelalter wurden die weitreichenden Handelsbeziehungen geknüpft, die den freien Städten ungeahnten Reichtum brachten. Mit dem Handel blühte die Kultur im späten Mittelalter und am Beginn der Neuzeit. Nach der Entdeckung Amerikas und der allmählichen Verschiebung der Handelsströme verloren die Städte nach und nach an Macht. Im 17. Jahrhundert bereitete der Dreißigjährige Krieg der kulturellen Hochblüte ein Ende. Den Aufschwung im 18. Jahrhundert belegen die barocken Kirchen und Klöster, die bis heute das Bild Süddeutschlands entscheidend prägen.
Bedeutenden Einfluß auf die Donau nahm der Mensch vor allem seit dem letzten Jahrhundert. Stauwerke zur Regulierung des Wasserabflusses und zur Stromgewinnung wurden errichtet, und die Schiffahrt forderte ihr Recht auf Mindestwassertiefen ein. Doch schon um das Jahr 800 hatte Karl der Große versucht, nahe Treuchtlingen einen Verbindungskanal zwischen den Flußgebieten von Donau und Rhein zu schaffen. Im 19. Jahrhundert ließ Ludwig I. von Bayern zwischen Donau und Main einen Kanal erbauen. Heute verbindet der moderne Rhein-Main-Donau-Kanal die beiden Flußsysteme. Flußauf bis Kelheim ist die Donau zur wichtigen internationalen Wasserstraße geworden. Gegen einen weiteren Ausbau in Niederbayern regt sich nun allerdings Widerstand.

Am Rand der Ingolstädter Altstadt bewacht das im 15. Jahrhundert erbaute Neue Schloß die Donau (siehe Tour 17).

1

Auf dem Donauradweg von Donaueschingen nach Donauwörth

1 Von Donaueschingen nach Tuttlingen

Donaueschingen – Geisingen – Immendingen – Möhringen – Tuttlingen

Ausgangsort
Der Bahnhof in Donaueschingen. Donaueschingen liegt südwestlich der Ausfahrt Bad Dürrheim von der A81 an der B27.

Zielpunkt
Das Stadtzentrum von Tuttlingen. Rückkehrmöglichkeit nach Donaueschingen mit der Bahn.

Gesamttourenlänge
36 km.

Zeitbedarf
3 Stunden Fahrzeit.

Etappen
Donaueschingen – Geisingen: 15 km; Geisingen – Immendingen: 7 km; Immendingen – Tuttlingen: 14 km.

Steigungen
Nur wenige kurze und harmlose Anstiege.

Geländestruktur
Anfangs ein weites Tal, das mit Eintritt in die Schwäbische Alb durch steile Hänge eingeschnürt wird.

Günstigste Jahreszeit
Vom Frühjahr bis in den Spätherbst.

Sehenswertes
• *Donaueschingen:* Barocke Stadtkirche, Schloß und Fürstlich Fürstenbergische Sammlungen. • *Pfohren:* Entenburg. • *Immendingen:* Donauversickerung. • *Tuttlingen:* Heimatmuseum, Stadtkirche mit Jugendstilfassade, Ruine Honberg.

Die Stadt ***Donaueschingen*** wurde im frühen Mittelalter gegründet. Im 17. Jahrhundert baute die Familie Fürstenberg sie zur Residenzstadt aus. Inmitten ausgedehnter Gartenanlagen liegt das ursprünglich barocke, im 19. Jahrhundert umgebaute und kostbar ausgestattete ***Schloß***. Nebenan ist die sogenannte ***Donauquelle*** in einem Brunnen gefaßt, der von der barocken Stadtkirche St. Johann überragt wird. In der Stadt mit ihren reichen Bürgerhäusern findet man am Karlsplatz die ***Fürstlich Fürstenbergischen Sammlungen***, die neben Werken altdeutscher Meister eine Handschrift des Nibelungenliedes zeigen.
Unsere weite Reise entlang des deutschen Abschnitts der Donau beginnen wir vor dem ***Bahnhof*** von **Donaueschingen**. Wir radeln kurz nach rechts zum Kreisverkehr und biegen dort links in die ***Josephstraße***. Geradeaus führt sie in das nahe Stadtzentrum und zum Fürstenbergischen Schloß mit der »Donauquelle«. Der ausgeschilderte ***Donauradwanderweg*** zweigt schon zuvor rechts von der Hauptstraße ab und leitet geradewegs durch den weitläufigen Park. Im Linksbogen radeln wir dann um das Stadion und biegen kurz vor der Brigach rechts ab. Nach kurzer Fahrt auf einer Brücke über die Breg und unter der B27 hindurch. Wir radeln kurz nach rechts und dann links in das Donauried, das wir auf dem gut ausgeschilderten Weg im Zickzack durchqueren.
Eine Brücke führt uns links über die Donau nach **Pfohren**. Wir biegen nach kurzer Fahrt der Beschilderung folgend rechts ab und fahren rechtshaltend durch das Dorf. Rechts, zur Donau hin, liegt das

Mauergeviert des im 15. Jahrhundert erbauten Jagdschlosses ***Entenburg*** mit seinen vier Ecktürmen. Nach dem letzten Haus von Pfohren rechts zur Donau hinab, bald unter der Straßenbrücke hindurch und ein kurzes Stück an der Bundesstraße entlang aufwärts. Wir lassen die Räder rechts wieder zur Donau hinabrollen. Eine Brücke leitet über die Donau in das nahe Dorf Neudingen. Wir fahren jedoch geradeaus und halten uns bei den nahen Scheunen links. Im Zickzack geht es durch den Talboden auf den ***Wartenberg*** zu, den Überrest eines vor Jahrmillionen erloschenen Vulkans. Auf seinem Gipfel steht ein an Stelle einer mittelalterlichen Burg errichtetes Lustschlößchen. Wir treffen bald wieder auf die Bundesstraße und radeln erst rechts, dann links oberhalb der Straße durch die Hänge des Wartenberges.
Am Ortsrand von **Geisingen** halten wir uns zweimal rechts und fahren auf der Hauptstraße durch das Städtchen, das am Eingang des Donautales in die Schwäbische Alb liegt. Am Ortsende halten wir uns nach der Bahnlinie links und radeln an den Gleisen entlang. Der Radweg führt uns unter Autobahn-, Bundesstraßen- und Eisenbahnbrücken hindurch. Wir überqueren die Donau, halten uns links

Im Schloßpark von Donaueschingen liegt die aufwendig gefaßte Quelle, an der angeblich die Donau entspringt.

und biegen dann rechts in das nahe Dörfchen **Hintschingen** ab. Nun noch ein Stück am Südufer der Donau entlang und nach der ***Archenbrücke*** am Ortsrand von **Zimmern** vor den Gleisen nach rechts. Entlang der Bahnlinie fahren wir nach **Immendingen**.

Wir schieben auf der neuen Fußgängerbrücke die Räder über die Gleise und folgen dann rechts der Beschilderung durch den Ort. Bald wird die Donau abermals überquert, und wir verlassen geradewegs Immendingen und erreichen die »Freizeitanlage Donauversinkung«. Geradeaus kann man von hier zur **Versickerungsstelle der Donau** wandern. Auf kurzer Strecke verschwindet der Fluß im verkarsteten Untergrund. Ein Höhlensystem leitet das Wasser nach Süden, wo es in Aach wieder zutage tritt. Der dortige Aachtopf gilt als die stärkste Karstquelle Europas. Unterhalb der Versinkung fällt die Donau an über 100 Tagen im Jahr vollständig trocken.

Der ***Donauradwanderweg*** führt uns vor der Freizeitanlage nach links über den Fluß zur Bahnlinie. Entlang der Gleise radeln wir bis in das Ortszentrum von **Möhringen**. Unser Weg geht nun links über die Bahnlinie zum ***Rathaus*** von Möhringen, das im ehemaligen Jagdschloß der Fürsten von Fürstenberg untergebracht ist. Der stattliche, mit markantem Staffelgiebel geschmückte Bau wurde im 17. Jahrhundert errichtet. Passend zum Ortsnamen plätschern in der Nähe zwei Mohrenbrunnen. Vorbei am Rathaus folgen wir der Beschilderung des Donauradweges, die uns auf teils schmalen Wegen durch den Ort zum nördlichen Talhang leitet.

Am Fuße des Waldhanges halten wir uns rechts und fahren am Nordufer der Donau entlang. Der Weg führt uns am Tuttlinger Freibad vorbei und unter der Bundesstraße hindurch. Auf der zweiten Fußgängerbrücke überqueren wir den Fluß und radeln geradewegs in das Stadtzentrum von **Tuttlingen**. Schon in römischer Zeit befand sich hier ein Kastell, und 797 wur-

de Tuttlingen erstmals urkundlich erwähnt. Als württembergischer Vorposten wurde die Stadt mehrmals zerstört, und 1803 fiel sie einem verheerenden Brand zum Opfer. Abgesehen von der im 15. Jahrhundert erbauten ***Burg*** auf dem ***Honberg*** blieben keine historischen Gebäude erhalten. Die 1817 im klassizistischen Stil erbaute ***Stadtkirche*** erhielt 1903 ihre schöne Jugendstilfassade. Sehenswert ist vor allem das hervorragend ausgestattete ***Heimatmuseum*** im Gebäude Donaustraße Nr. 50.

Bei Nendingen führt uns der Donauradweg auf stillen Wirtschaftswegen durch das beschauliche Donautal.

Radverleih
In Donaueschingen.

Radreparatur
• *Donaueschingen:* Edi's Fahrradshop, Neue Wolterdinger Straße, Tel. (07 71) 1 53 00; Fa. Rothweiler, Max-Egon-Str. 11, Tel. (07 71) 1 31 48. • *Geisingen:* Fa. Bühler, Mohrengasse 4, Tel. (0 77 04) 4 28. • *Hintschingen:* Albin Keller, Feldeleweg 11, Tel. (0 74 62) 13 23. • *Tuttlingen:* Fa. Nertz, Am Autobahnhof, Tel. (0 74 61) 35 23; Fa. Dangelmaier, Oberamteistr. 26, Tel. (0 74 61) 30 19.

Übernachtungen unterwegs
• *Donaueschingen:* Große Auswahl an Hotels und Gasthöfen. • *Neudingen:* Gasthaus Linde, Längestr. 9, Tel. (07 71) 6 18 53; Gasthaus »Zum Rössle«, Zehringer Str. 12, Tel. (07 71) 6 19 22. • *Geisingen:* Mehrere Gasthäuser und Pensionen. • *Zimmern:* Gasthaus Waldhorn, Tel. (0 74 62) 12 84; Gasthaus Wiesengrund, Tel. (0 74 62) 16 59. • *Immendingen:* Mehrere Hotels, Gasthöfe und Pensionen. • *Möhringen:* Mehrere Gasthöfe und Pensionen. • *Tuttlingen:* Mehrere Hotels und Gasthöfe.

Preiswerte Unterkunft
• *Donaueschingen:* Naturfreundehaus Donaueschingen, Alte Wolterdinger Str. 72, Tel. (07 71) 29 85.

Camping
• *Donaueschingen-Pfohren:* Riedsee Camping, Tel. (07 71) 55 11. • *Immendingen:* Zeltplatz bei der Donauversinkung (Anmeldung bei Fremdenverkehrsbüro Immendingen).

Einkehrmöglichkeiten
In Donaueschingen, Pfohren, Neudingen, Geisingen, Zimmern, Immendingen, Möhringen und Tuttlingen.

Auskunft
• 78166 Donaueschingen: Fremdenverkehrsamt, Karlstr. 58, Tel. (07 71) 85 72 21 und 85 72 23. • 78187 Geisingen: Verkehrsamt im Rathaus, Tel. (0 77 04) 80 70. • 78194 Immendingen: Fremdenverkehrsbüro im Rathaus, Tel. (0 74 62) 2 42 28. • 78532 Möhringen: Verkehrsamt, Hermann-Leiber-Str. 4, Tel. (0 74 62) 3 40. • 78532 Tuttlingen: Städt. Verkehrsamt, Rathausstr. 1, Tel. (0 74 62) 3 40.

Landkarten
ADFC-Radtourenkarte 1:150 000, Blatt 24 »Schwarzwald – Oberrhein«.

2 Von Tuttlingen nach Sigmaringen

Tuttlingen – Fridingen – Beuron – Hausen im Tal – Thiergarten – Gutenstein – Inzigkofen – Sigmaringen

Ausgangsort
Das Donauufer in Tuttlingen. Tuttlingen liegt östlich der Ausfahrt Geisingen von der A81 im Donautal. Bahnanschluß.

Zielpunkt
Das Stadtzentrum von Sigmaringen. Rückkehrmöglichkeit nach Tuttlingen mit der Bahn.

Gesamttourenlänge
53 km.

Zeitbedarf
4 1/2 Stunden Fahrzeit.

Etappen
Tuttlingen – Fridingen: 14 km;
Fridingen – Beuron: 11 km;
Beuron – Hausen im Tal: 7 km;
Hausen im Tal – Thiergarten: 8 km;
Thiergarten – Sigmaringen: 13 km.

Steigungen
Außer einem kurzen Anstieg in Inzigkofen keine nennenswerten Steigungen.

Geländestruktur
Durch das teils autofreie, von hellen Kalkfelsen und Burgen überragte Tal, das die Donau in die Schwäbische Alb geschnitten hat.

Günstigste Jahreszeit
Vom Frühjahr bis in den Spätherbst.

Sehenswertes
• *Mühlheim:* Altstadt und Galluskirche.
• *Fridingen:* Altstadt. • *Beuron:* Kloster.
• *Inzigkofen:* Ehemaliges Kloster. • *Sigmaringen:* Altstadt mit Schloß und Johanneskirche.

Abstecher
Von Stetten ist ein kurzer Abstecher zur romantischen Altstadt von Mühlheim möglich.

Wir beginnen die Tour am nördlichen, dem Stadtzentrum von **Tuttlingen** gegenüberliegenden Ufer der Donau. Am Ufer entlang führt uns der Donauradweg unter einer Straßenbrücke hindurch zur ***Wördenbrücke***. Auf ihr über den Fluß und links auf dem Uferweg nach **Ludwigstal**. Hier radeln wir auf schmaler Brücke über die Donau und biegen hinter der Bahnlinie nach rechts. Nun entlang der Gleise bis vor **Nendigen**, nach rechts über den Bahnkörper und geradeaus durch den Ort.
Durch Wiesen geht es jetzt geradewegs nach **Stetten**. Wir radeln linkshaltend sanft aufwärts in das Ortszentrum. Von hier ist nach rechts ein Abstecher zur Altstadt von ***Mühlheim*** möglich. Dort kann man sich von der romantischen, mit einer Stadtmauer umgebenen Altstadt verzaubern lassen. Durch das Stadttor gelangt man zu den alten Fachwerkhäusern, dem gotischen Rathaus und dem Schloß. Von dort fährt man auf der nach Kolbingen ausgeschilderten Straße zurück zur Hauptroute.
Wir radeln in Stetten rechts am Gasthof Schlüssel vorbei und biegen nach der Bahnlinie rechts ab. Der ***Donauradweg*** führt uns geradewegs zur Hauptstraße im Neubauviertel von **Mühlheim**. Auf ihr nach links und nach kurzer Strecke rechts auf die zur Altstadt ausgeschilderte Nebenstraße. Wir fahren an der romantischen ***Galluskirche***, die sehenswerte Chorfresken aufweist, vorbei. Hinter dem Gotteshaus halten wir uns rechts und radeln in das nun autofreie Donautal. Links der Donau führt uns der ruhige Weg durch das gewundene Tal nach **Fridingen**. Dort kurz aufwärts zur Hauptstraße, auf ihr nach rechts und bei erster Gelegenheit rechts in eine Nebenstraße. Wir fahren am linken Donauufer durch den Ort. Das Städtchen hat ein maleri-

Von der Burg Wildenstein schweift der Blick hinab zur Donau, die ihr Tal tief in die Schwäbische Alb geschnitten hat.

sches Ortszentrum aufzuweisen. Im kleinen ***Ifflinger Schloß***, das im 15. Jahrhundert erbaut wurde, ist heute das Heimatmuseum untergebracht.
Vom Ortsende fahren wir durch das wieder autofreie Tal in weitem Bogen um einen Bergsporn. Nahe einer ***Versinkungsstelle***, an der das Donauwasser in den verkarsteten Untergrund versickert, überqueren wir den Fluß. Die steilen Hänge rücken nun nahe zusammen, und wir dringen rechts des Flusses in das wildromantische Tal vor. Ein kurzer Zwischenanstieg bringt uns über einen Bergsporn, und vorbei am ***Gasthof Jägerhaus*** radeln wir nach **Beuron**. Der Radweg führt kurz aufwärts zur Straße, auf der links das nahe Kloster zu erreichen ist. Die weit ausladenden Gebäude des 1077 gegründeten ***Klosters*** beherrschen das Tal. 1687 wurde das Augustinerkloster in den Rang einer Abtei erhoben. In der Folgezeit wurden die alten Gebäude durch den mächtigen barocken Bau ersetzt. Zentraler Blickfang ist die ***Ba-***

Über einer Donauschleife erhebt sich in Sigmaringen das prächtige, Ende des 19. Jahrhunderts ausgebaute Hohenzollern-Schloß.

rock-Kirche. Der Innenraum ist mit üppigem Rokoko-Stuck und farbenfrohen Deckenfresken ausgeschmückt. In der Gnadenkapelle findet man eine spätgotische Pietà. Nahe dem Kloster führt eine alte, aus Holz erbaute Brücke über die Donau.
Wir bleiben rechts der Gleise und überqueren bald auf neuem Steg den Fluß. Der Weg leitet uns dann, vorbei an der *Maurus-Kapelle*, um einen Bergsporn. Im Süden liegt hoch über der Talschlinge die imposante **Burg Wildenstein**. Im 13. Jahrhundert wurde die Burg errichtet, die im

16. Jahrhundert zu einer starken Renaissance-Festung erweitert wurde. Rund um den Burghof gruppieren sich die ausgezeichnet restaurierten Gebäude, in denen heute eine Jugendherberge untergebracht ist. In der Burgkapelle befindet sich die Kopie des berühmten Wildensteiner Altars. Ein weiterer Steg bringt uns wieder auf die rechte Donauseite. Bald liegt vor uns auf steilem Fels **Schloß Werenwag**. Im 11. Jahrhundert wurde auf einem Steilfels hoch über der Donau eine erste Burg errichtet, die im Laufe der Jahrhunderte zu einem Schloß umgebaut wurde. Die Gebäude, die heute zu sehen sind, entstanden vom 17. bis zum 19. Jahrhundert.
Am Ortsrand von **Hausen im Tal** bleiben wir rechts der Donau und radeln geradewegs über die Hauptstraße. Vorbei am *Gasthof Neumühle* führt uns der Radweg nach **Thiergarten**. Kurz nach dem Ort überqueren wir nahe der im 16. Jahrhundert erbauten *Georgskapelle*, die als kleinste dreischiffige Basilika in Europa gilt, auf neuem Brückchen den Fluß und folgen dem Radweg bis zu einer Teerstraße. Auf ihr radeln wir unterhalb Schloß Gutenstein über die Donau und geradewegs durch **Gutenstein** bis zu einer Vorfahrtstraße. Auf ihr kurz nach links und nach den Gleisen rechts abbiegen.
Jetzt am rechten Donauufer entlang, bis wir nach dem Jugendzeltplatz auf die nördliche Talseite wechseln. **Dietfurt**, das von der auf einem steilen Felskegel gelegenen Burgruine überragt wird, bleibt rechts liegen. Der Radweg führt immer nahe der Gleise nach Osten. Bald versteckt sich links im Waldhang die Ruine der auf steilem Felszacken erbauten Burg *Gebrochene Gutenstein*. Hinter dem Bahnhof Inzigkofen rechts auf der Teerstraße über die Donau und in Kurven hinauf nach **Inzigkofen**. Am Ortsrand folgen wir der Beschilderung links durch den

Schloßpark zum ehemaligen *Kloster*. Es wurde im 14. Jahrhundert gegründet und im 19. Jahrhundert zu einem Landsitz für die Familie Hohenzollern-Sigmaringen umgestaltet. In der ehemaligen Klosterscheune ist heute ein Bauernmuseum untergebracht. Sehenswert ist die 1780 erbaute barocke Klosterkirche mit schönem Emporengitter.

Nahe der Klosterkirche knickt unser Weg nach links, und wir lassen die Räder geradewegs zur Donaubrücke in **Laiz** hinabrollen. Wir fahren über die Hauptstraße und folgen dem Weg am rechten Donauufer. Am Campingplatz bieten sich zwei Varianten an. Entweder man hält sich links, bleibt am Donauufer und umfährt die Altstadt von Sigmaringen. Oder man fährt rechts und folgt der ***Antonstraße***, die zum Stadtzentrum von **Sigmaringen** führt.

1077 wurde zum ersten Mal die Burg auf dem die Donau beherrschenden Fels erwähnt, in deren Schutz sich die Stadt entwickelte. Im 17. Jahrhundert wurde die Burg erweitert und im 18. Jahrhundert Sigmaringen in eine barocke Residenzstadt verwandelt. 1806 wurde die Stadt Zentrum des Fürstentums Hohenzollern-Sigmaringen und fiel 1850 an das verwandte Haus Preußen. Nach einem Großbrand im Jahre 1893 wurde das Schloß gemäß dem romantisierenden Geschmack jener Zeit umgestaltet. Im *Schloß* sind umfangreiche Sammlungen untergebracht, deren Exponate von vorgeschichtlicher Zeit bis ins 19. Jahrhundert reichen.

In der Stadt besticht die im 18. Jahrhundert errichtete *Kirche St. Johannes* mit ihrer prachtvollen Ausstattung. Die Josephskapelle birgt die wertvollen Flügeltüren eines gotischen Schreins. In der Altstadt erinnert der *Runde Turm* an die alte Stadtbefestigung.

Radverleih
In Fridingen, Thiergarten und Sigmaringen.

Radreparatur
• *Fridingen:* Fahrrad Hemma, Tuttlinger Str. 14, Tel. (0 74 63) 77 03. • *Laiz:* Fa. Pfaff, Unterdorf 16, Tel. (0 75 71) 5 19 46.
• *Sigmaringen:* Fahrrad Brancato, Schustergasse 5, Tel. (0 75 71) 6 35 00.

Übernachtungen unterwegs
• *Nendingen:* Gasthaus Anker, Mühlheimer Str. 107, Tel. (0 74 61) 58 77; Gasthaus Rose: Rosenstr. 14, Tel. (0 74 61) 36 35. • *Mühlheim:* Mehrere Gasthöfe und Pensionen. • *Fridingen:* Große Auswahl an Gasthöfen und Pensionen. • *Jägerhaus* (3 km vor Beuron): Gasthaus Jägerhaus, Tel. (0 74 66) 2 54. • *Beuron:* Mehrere Hotels und Pensionen. • *Hausen im Tal:* Mehrere Gasthöfe und Pensionen. • *Thiergarten:* Mehrere Hotels und Gasthöfe. • *Gutenstein:* Gasthof Bahnhof, Langenharter Str. 9, Tel. (0 75 70) 2 79; Privatzimmerzentrale Gutenstein, Tel. (0 75 70) 2 10 oder 4 24.
• *Inzigkofen:* Mehrere Gasthöfe und Pensionen.
• *Sigmaringen:* Große Auswahl an Hotels und Gasthöfen.

Preiswerte Unterkunft
• *Sigmaringen:* Hohenzollern-Jugendherberge, Hohenzollernstr. 31, Tel. (0 75 71) 1 32 77.

Camping
• *Jägerhaus* (3 km vor Beuron): Jugendzeltplatz Jägerhaus, Tel. (0 74 66) 2 54. • *Hausen im Tal:* Campingplatz Wagenburg, Tel. (0 75 79) 5 59 oder (0 74 66) 15 25. • *Sigmaringen:* Campingplatz Sigmaringen, Tel. (0 75 71) 49 21 oder 5 04 11.

Einkehrmöglichkeiten
In Nendingen, Stetten, Mühlheim, Fridingen, im Jägerhaus, in Beuron, Hausen im Tal, Neidingen, in der Neumühle, in Thiergarten, Gutenstein, Inzigkofen, Laiz und Sigmaringen.

Auskunft
• 78570 Mühlheim: Verkehrsamt Vorderes Schloß, Tel. (0 74 63) 89 03 • 78567 Fridingen: Verkehrsamt im Rathaus, Tel. (0 74 63) 83 70.
• 88631 Beuron: Verkehrsamt, Abteistr. 24, Tel. (0 74 66) 2 14. • 88631 Hausen im Tal: Bürgermeisteramt, Kirchstr. 18, Tel. (0 75 79) 9 21 00.
• 72514 Inzigkofen: Bürgermeisteramt, Tel. (0 75 71) 7 30 70. • 72488 Sigmaringen: Verkehrsamt, Schwabstr. 1, Tel. (0 75 71) 10 62 23.

Landkarten
ADFC-Radtourenkarte 1:150 000, Blatt 25 »Bodensee – Schwäbische Alb«.

3 Von Sigmaringen nach Riedlingen

Sigmaringen – Sigmaringendorf – Scheer – Mengen – Hundersingen – Binzwangen – Riedlingen

Ausgangsort
Das südliche Donauufer in Sigmaringen. Sigmaringen liegt im Tal der Donau an der B32. Bahnanschluß.

Zielpunkt
Die Altstadt von Riedlingen. Rückkehrmöglichkeit nach Sigmaringen mit der Bahn.

Gesamttourenlänge
35 km.

Zeitbedarf
3 Stunden Fahrzeit.

Etappen
Sigmaringen – Scheer: 10 km;
Scheer – Mengen: 4 km;
Mengen – Hundersingen: 7 km;
Hundersingen – Riedlingen: 14 km.

Steigungen
Keine nennenswerten Steigungen.

Geländestruktur
Durch das Tal der Donau, das sich östlich von Scheer deutlich weitet.

Günstigste Jahreszeit
Vom Frühjahr bis in den Spätherbst.

Sehenswertes
• *Scheer:* Altstadt mit Schloß und Nikolauskirche. • *Mengen:* Altstadt mit Pfarrkirche.
• *Hundersingen:* Heuneburgmuseum, Heuneburg (vorgeschichtliche Befestigung) und keltische Grabhügel. • *Heiligkreuztal:* Mittelalterliches Kloster.
• *Riedlingen:* Altstadt mit Georgskirche.

Varianten
Von Binzwangen über Heiligkreuztal und Altheim nach Riedlingen.

Abstecher
Zum Heuneburgmuseum in Hundersingen.

Am Morgen bieten sich in **Sigmaringen** zwei Tourenvarianten an. Man kann entweder zur Donau radeln und dem rechten Ufer rund um Altstadt und Schloß folgen. Oder man fährt in der Altstadt über die ***Antonstraße*** nach Osten hinab und biegt dann rechts in die ***Karlstraße***. Sie bringt uns zur Hedinger Kirche, an der beide Varianten wieder zusammentreffen. Nun immer rechts der Donau nach **Sigmaringendorf**. An der Donaubrücke bleiben wir am rechten Ufer und folgen der Teerstraße, bis wir links auf einen Radweg abbiegen. Er bringt uns nach **Scheer**. An einem kleinen Anstieg biegen wir links ab, radeln unter der Eisenbahnlinie hindurch und in einem Bogen in Donaunähe um den Hügel, auf dem das ***Renaissance-Schloß*** mit seinen markanten Staffelgiebeln und die barocke ***Nikolauskirche*** stehen.
Wir überqueren zweimal die Hauptstraße und dann die Bahnlinie, an der entlang wir dann nach **Ennetach** radeln. Auf der Hauptstraße rechts durch den Ort und geradewegs nach **Mengen**. Rechter Hand liegt die Altstadt, in der eine Anzahl schöner Fachwerkhäuser erhalten blieb. In der barock umgestalteten Kirche ***Unserer Lieben Frau*** ist eine schöne spätgotische Gottesmutter zu sehen. Wir folgen jedoch

Ein kurzer Anstieg führt von der hübschen Altstadt von Scheer hinauf zum Renaissance-Schloß und zur Nikolauskirche.

Auf einem Hügel am Nordufer der Donau liegt das Ziel der heutigen Tour, die beschauliche Altstadt von Riedlingen.

noch vor Erreichen des Bahnhofs links der Wegweisung des ***Donauradweges***, die uns über die Bahnlinie und die Bundesstraße in offenes Ackerland leitet. Nahe der Donau radeln wir geradewegs über die nach Blochingen führende Straße und halten uns an der fogenden Weggabelung links. Auf schmaler Straße bis zur Donau und vor der Brücke rechts in einen Kiesweg. Nun fahren wir immer rechts des Flusses bis zur Donaubrücke in **Hundersingen**.

Links über die Brücke und dann steil aufwärts führt ein empfehlenswerter Abstecher zum ***Heuneburgmuseum***. Das Museum bietet dank der reichen Funde aus der Umgebung einen informativen Einblick in die keltische Kultur. Die am Museum vorbeiführende Straße nach Binzwangen bringt den geschichtlich Interessierten zu einigen keltischen Grabhügeln. Wenige Meter zuvor führt ein kurzer Abstecher zur herrlich über dem Donautal gelegenen vorgeschichtlichen Verteidigungsanlage der **Heuneburg**. Ab der Mitte des ersten vorchristlichen Jahrtausends übernahmen die Kelten diesen schon zuvor besiedelten Platz und errichteten mehrere Befestigungsanlagen. Am Höhepunkt ihrer Macht entstand eine Fürstenburg mit Ziegelmauern, die nördlich der Alpen einzigartig ist. In der Fürstenburg blühte die Handwerkskunst, und von den weitreichenden Handelsbeziehungen zeugen Reste chinesischer Seide, die man in der Heuneburg fand. Die Straße führt uns anschließend in das nahe **Binzwangen**.

Hier kann man rechtshaltend wieder zum ***Donauradweg*** gelangen oder links den weiter unten beschriebenen Abstecher zum Kloster Heiligkreuztal anhängen.

Von der Donaubrücke in Hundersingen

fahren wir kurz nach rechts und biegen danach links in ein Sträßchen, das uns zur Hauptstraße in **Binzwangen** führt. Links über die Brücke und den steilen Berg durch den Ort aufwärts leitet eine Wegvariante zum ***Kloster Heiligkreuztal***. An der Kreuzung am Ortsende von Binzwangen geradeaus. Bald links auf eine schmale Straße, die uns zum ummauerten Klosterbereich in **Heiligkreuztal** führt. Anfang des 13. Jahrhunderts wurde das Zisterzienserinnen-Kloster gegründet, das schnell großen Wohlstand erlangte. In der 1256 geweihten frühgotischen Basilika besticht das herrliche, Anfang des 14. Jahrhunderts geschaffene Ostfenster. An den Wänden blieben Fresken aus dem 14. Jahrhundert erhalten und Chor sowie Kreuzgang malte 1532 der Meister von Meßkirch aus. Heiligkreuztal zählt nach aufwendigen Renovierungen zu den am besten erhaltenen mittelalterlichen Frauenklöstern in Baden-Württemberg. Vom Kloster aus fahren wir geradewegs über die Hauptstraße und folgen der Beschilderung des *Donauradweges* über **Altheim** nach **Riedlingen**.

Wer direkt von **Binzwangen** nach Riedlingen radeln will, der überquert rechtshaltend die Hauptstraße und läßt sich von den Schildern des Donauradweges aus dem Ort führen. Dann geht es für längere Zeit geradeaus, ehe uns ein kurzer Links-rechts-Knick an das rechte Donauufer führt. Am Fluß entlang radeln wir bis zur Donaubrücke in **Riedlingen**. Der Ort wurde im 9. Jahrhundert erstmals urkundlich erwähnt, fiel im 13. Jahrhundert dem Hause Habsburg zu und kam nach wechselvoller Geschichte im Jahre 1805 zu Württemberg. Überragt wird die Altstadt vom Turm der gotischen ***Pfarrkirche***, in der spätgotische Fresken erhalten geblieben sind. Das ***Rathaus*** wurde im 15. Jahrhundert erbaut, und im ehemaligen Spital aus dem 14. Jahrhundert ist ein Heimatmuseum untergebracht. An der Donau blieben Reste der Stadtbefestigung mit dem ***Mühltörle*** erhalten. Das im 17. Jahrhundert erbaute ***Kapuzinerkloster*** besitzt einen malerischen Kreuzgang.

Radverleih
In Sigmaringen.

Radreparatur
• *Mengen:* Zweirad-Center Bacher, Mittlere Str. 28, Tel. (0 75 72) 56 96. • *Riedlingen:* Rad Sport Haller, Tuchplatz 4, Tel. (0 73 71) 38 78; Zweirad Heudorfer, Marktplatz 2, Tel. (0 73 71) 73 66; Reifendienst Weiss, Industriestr. 24, Tel. (0 73 71) 20 42.

Übernachtungen unterwegs
• *Sigmaringendorf:* Hotel Hirsch, Lauchertbühl 9, Tel. (0 75 71) 7 43 70; Gästehaus Panti, Oberdorf 8, Tel. (0 75 71) 1 48 05. • *Scheer:* Mehrere Hotels, Gasthöfe und Pensionen. • *Ennetach:* Gasthaus Dorfstuben, Ablachweg 6, Tel. (0 75 72) 52 17. • *Mengen:* Mehrere Hotels. *Hundersingen:* Gasthof Adler, Ortsstr. 1, Tel. (0 75 86) 3 78. • *Altheim:* Gaststätte Donautal, Donaustr. 75, Tel. (0 73 71) 85 11. • *Riedlingen:* Mehrere Hotels und Gasthöfe.

Camping
• *Riedlingen:* Radlerrast Vöhringer Hof, Tel. (0 73 71) 1 25 74; Zeltplatz Tennishalle, Tel. (0 73 71) 26 87.

Einkehrmöglichkeiten
In Sigmaringendorf, Scheer, Ennetach, Mengen, Hundersingen, Binzwangen, Heiligkreuztal, Altheim und Riedlingen.

Auskunft
• 72517 Sigmaringendorf: Bürgermeisteramt, Tel. (0 75 71) 7 30 50. • 72516 Scheer: Bürgermeisteramt, Tel. (0 75 72) 7 61 60. • 88512 Mengen: Stadtverwaltung Mengen, Postfach 47, Tel. (0 75 72) 6 07 20. • 88518 Herbertingen-Hundersingen: Bürgermeisteramt Herbertingen, Hauptstr. 12, Tel. (0 75 86) 9 20 80. • 88499 Riedlingen: Verkehrsamt im Rathaus, Marktplatz 1, Tel. (0 73 71) 1 83 12.

Landkarten
ADFC-Radtourenkarte 1:150 000, Blatt 25 »Bodensee – Schwäbische Alb«.

4 Von Riedlingen nach Ehingen

Riedlingen – Zwiefaltendorf – Obermarchtal – Munderkingen – Ehingen

Ausgangsort
Die Donaubrücke an der Altstadt von Riedlingen. Riedlingen liegt am Kreuzungspunkt von B311 und B312 im Tal der Donau. Bahnanschluß.

Zielpunkt
Die Altstadt von Ehingen. Rückkehrmöglichkeit nach Riedlingen mit der Bahn.

Gesamttourenlänge
37 km.

Zeitbedarf
3,5 Stunden Fahrzeit.

Etappen
Riedlingen – Zwiefaltendorf: 10 km; Zwiefaltendorf – Obermarchtal: 6 km; Obermarchtal – Munderkingen: 9 km; Munderkingen – Ehingen: 12 km.

Steigungen
160 Höhenmeter, verteilt auf mehrere kurze Anstiege zwischen Zwiefaltendorf und Munderkingen.

Geländestruktur
Teils im Donautal, teils über die sanft gewellten Randhöhen.

Günstigste Jahreszeit
Vom Frühjahr bis in den Spätherbst.

Sehenswertes
• *Zwiefaltendorf:* Schloß, Kirche und Tropfsteinhöhle. • *Zwiefalten:* Ehemaliges Kloster. • *Rechtenstein:* Mittelalterliche Burgruine. • *Obermarchtal:* Ehemaliges Kloster. • *Munderkingen:* Altstadt. • *Ehingen:* Altstadt mit Herz-Jesu-Kirche, Liebfrauenkirche, Pfarrkirche und Heilig-Geist-Spital.

Variante
Einen Kilometer vor Obermarchtal Alternativroute über Rechtenstein nach Obermarchtal (zusätzlich 4 km)

Abstecher
Von Zwiefaltendorf auf autofreier Strecke nach Zwiefalten (hin und zurück 10 km).

Von der Donaubrücke in **Riedlingen** fahren wir rechts des Flusses, bis wir kurz vor **Daugendorf** gelangen, und wechseln dort auf das linke Ufer. Wir halten uns nach der Brücke zweimal rechts und erreichen das nahe **Bechingen**. Auf der Hauptstraße fahren wir rechts nach **Zell**. Die barocke Kirche St. Gallus birgt eine spätgotische Madonna. Nach dem Ort queren wir die Gleise und fahren am

In einer engen Schleife umfließt die Donau den Hügel, auf dem sich die Gebäude der Altstadt von Munderkingen drängen.

Bahnkörper entlang nach **Zwiefaltendorf**. Jenseits der Bahnlinie radeln wir geradewegs in das Dorf. Neben dem ***Renaissance-Schlößchen*** wartet der Ort mit der im 15. Jahrhundert erbauten und im 18. Jahrhundert barockisierten ***Michaelskirche*** auf. Im Inneren besticht das fein gearbeitete Chorgestühl des berühmten Meisters Jörg Syrlin. Unter dem Brauereigasthof Rößle befindet sich eine ***Tropfsteinhöhle***, die besucht werden kann.

Wer den Abstecher nach ***Zwiefalten*** unternehmen möchte, der hält sich an der Verkehrsinsel in der Bahnhofstraße links. Am Dorfrand vor dem Wald nach rechts und immer links der Zwiefalter Ache auf Wirtschaftswegen in das fünf Kilometer entfernte **Zwiefalten**. Im Jahre 1089 wurde das Kloster gestiftet, dessen zweitürmiges ***Münster*** das Ortsbild beherrscht. Die Kirche wurde Mitte des 18. Jahrhunderts nach Plänen des Baumeisters Johann Michael Fischer erbaut und zählt zu den schönsten Barock-Bauten in Oberschwaben. Sie besticht durch ihre Eleganz und durch die wertvolle Ausstattung. Der Kreuzaltar enthält ein spätgotisches Muttergottes-Bildnis.

Wir halten uns in **Zwiefaltendorf** rechts und überqueren die Donau. Vor der Bahnlinie auf Kiesweg nach links und nach kurzer Fahrt steil nach **Dattenhausen** hinauf. Wir radeln links über die B311. Jetzt immer rechts der Bundesstraße über eine Hügelkuppe. 1,5 Kilometer vor Obermarchtal bietet sich eine schöne Alternativstrecke an. Man überquert die B311, folgt ihr noch ein kurzes Stück in gegenläufiger Richtung und läßt dann das Rad in das Donautal hinablaufen. Nun durch den rechten Talhang bis in das malerisch an der Donau gelegene **Rechtenstein**, das von den Resten einer im 12. Jahrhundert erbauten ***Doppelburg*** überragt wird. Wir überqueren die Donau und biegen nach der Brücke rechts in eine Nebenstraße. Nach wenigen Metern halten wir uns links und an der folgenden Gabelung rechts. Bald liegt vor uns Obermarchtal, zu dem uns eine schmale Brücke hinüberleitet. Am Ortsrand von **Obermarchtal** rechts in den ***Mühlenweg***, der uns nach 500 Metern zu einer Vorfahrtsstraße führt. Links geht es zum nahen Kloster, geradeaus auf der Hauptstraße und dann unter der Bundesstraße hindurch zurück zum Hauptweg.

Der Hauptweg bleibt rechts der Bundesstraße. Wir radeln nach **Obermarchtal** und erreichen die Unterführung, durch die von links die Alternativroute hereinkommt und die uns einen Abstecher zum ehemaligen ***Kloster*** ermöglicht. Nach seiner Gründung im 12. Jahrhundert kam das Kloster schnell zu Macht und Reichtum und wurde 1500 zur Reichsabtei erhoben. Die heutige Anlage wurde im 17. und 18 Jahrhundert erbaut. Glanzstück ist die Barock-Kirche. Sie ist mit reichem Stuck ausgeschmückt und enthält neben dem mächtigen Hochaltar weitere wertvolle Altäre. Ab 1803 wurde der Klosterkomplex zu einer Schloßanlage umgestaltet.

Auf dem Hauptweg rechts der Bundesstraße halten wir uns wenige Meter nach der Unterführung rechts und radeln auf einem Wirtschaftssträßchen nach Osten. Eine Querstraße leitet und links nach **Untermarchtal**. Auf der Hauptstraße nach rechts über die Donau und bis kurz vor die auf einem Hügel gelegene, Ende des 18. Jahrhunderts erbauten und üppig ausgemalten ***Wallfahrtskirche Frauenberg***. Wir biegen rechts ab und fahren über das Dörfchen **Algershofen** zu einer Vorfahrtsstraße, auf der wir links in das Stadtzentrum von **Munderkingen** gelangen. Vor der Abfahrt zur Donau links in

In der Altstadt von Ehingen findet man im mächtigen Renaissance-Fachwerkbau des ehemaligen Heilig-Geist-Spitals ein sehenswertes Heimatmuseum.

die *Martinstraße*, die uns in Kurven durch die hübsche, in einer Donauschleife gelegene Altstadt führt. Von 1297 bis 1803 gehörte die Stadt zum österreichischen Herrscherhaus Habsburg. Neben einer Anzahl gut erhaltener Fachwerkhäuser ist die im 15. Jahrhundert erbaute *Stadtkirche* sehenswert, die mit Bildwerken der Ulmer Schule und herrlichem Chorgestühl aufwarten kann. Vorbei am 1563 erbauten *Rathaus* mit markantem Staffelgiebel lassen wir die Räder zur Donau hinabrollen.

Nach der Brücke halten wir uns rechts fahren entlang der Landstraße nach **Rottenacker**. Wir überquern die Bahnlinie, halten uns dann links und radeln nach wenigen Metern rechts über den Fluß. An der folgenden Straße nach links und kurz nach dem Ortsende links auf ein Nebensträßchen. Nun führt uns der *Donauradweg* durch das Rottenacker Ried nahe der Donau bis **Dettingen**. Hier überqueren wir die Donau und erreichen rechtshaltend die Hauptstraße. Auf ihr fahren wir nach rechts und im Bogen bis zu einer Kreuzung vor dem Stadthügel von Ehingen. Wir bleiben links und folgen der Hauptstraße, bis wir eine Fußgängerampel erreichen. Wir überqueren die Straße, fahren kurz geradeaus und halten uns unterhalb der Liebfrauenkirche links, bis wir rechts in Richtung Stadtmitte abbiegen. Geradeaus zum *Heilig-Geist-Spital*, vor dem wir rechts abbiegen. Ein kurzer Anstieg bringt uns geradewegs zum weiten Marktplatz von **Ehingen**. Die im 13. Jahrhundert gegründete Stadt kam im 14. Jahrhundert zu Österreich, bei dem es bis 1806 verblieb. In der *Altstadt* findet man die frühbarocke *Herz-Jesu-Kirche*, die *Pfarrkirche St. Blasius* mit sehenswerten Altären, das *Ritterhaus*, das *Ständehaus* und das Rathaus, die alle nach den Verwüstungen des Dreißigjährigen Krieges erbaut wurden. Im *Heilig-Geist-Spital*, einem mächtigen Renaissance-Fachwerkbau, ist das Heimatmuseum untergebracht. In der Unterstadt findet man in der barocken *Liebfrauenkirche* prunkvolle Altäre und eine spätgotische Madonnenfigur der Ulmer Schule.

Radreparatur

• *Rottenacker:* Herbert Lerner, Grundlerstr. 2, Tel. (0 73 93) 35 86. • *Ehingen:* Fa. Rothenbacher, Lindenstr. 71, Tel. (0 73 91) 29 09.

Übernachtungen unterwegs

• *Zwiefaltendorf:* Brauereigasthof Rößle, Von-Speth-Str. 19, Tel. (0 73 73) 3 22 oder 6 43.
• *Zwiefalten:* Mehrere Gasthöfe und Pensionen.
• *Rechtenstein:* Bahnhofsgaststätte, Bahnhofstr. 9, Tel. (0 73 75) 3 15; Gasthaus zur Brücke, Karl-Weiß-Str. 1, Tel. (0 73 75) 2 57.
• *Obermarchtal:* Fam. Widmann, Rendlingendorferstr. 5, Tel. (0 73 75) 2 66; Fam. Österle, Oberwachingerstr, Tel. (0 75 73) 4 11. • *Munderkingen:* Mehrere Hotels und Gaststätten. • *Dettingen:* Gasthaus Knupfer, Rottenackerstr. 17, Tel. (0 73 91) 24 88; Gasthaus Donaustuben, Höllweg 5, Tel. (0 73 91) 89 16. • *Ehingen:* Größere Auswahl an Hotels und Gasthöfen.

Camping

• *Zwiefalten:* Zeltplatz am Höhenfreibad, Auskunft Gemeindeverwaltung, Tel. (0 73 73) 2 05 20.

Einkehrmöglichkeiten

In Daugendorf, Zwiefalten, Zwiefaltendorf, Rechtenstein, Obermarchtal, Untermarchtal, Munderkingen, Rottenacker, Dettingen und Ehingen.

Auskunft

• 88529 Zwiefalten: Bürgermeisteramt, Marktplatz 3, Tel. (0 73 73) 2 05 20. • 89611 Obermarchtal: Bürgermeisteramt, Hauptstr. 21, Tel. (0 73 75) 2 05. • 89611 Rechtenstein: Bürgermeisteramt, Braunselweg 2, Tel. (0 73 75) 2 44.
• 89597 Munderkingen: Stadtverwaltung, Marktstr. 1, Tel. (0 73 93) 59 80. • 89584 Ehingen: Städtisches Fremdenverkehrsamt, Marktplatz 1, Tel. (0 73 91) 50 31 42.

Landkarten

ADFC-Radtourenkarte 1:150 000, Blatt 25 »Bodensee – Schwäbische Alb«.

5 Von Ehingen entlang der Donau nach Ulm

Ehingen – Öpfingen – Ersingen – Erbach – Ulm-Gögglingen – Ulm

Ausgangsort
Der Marktplatz von Ehingen. Ehingen liegt westlich von Ulm im Tal der Donau. Bahnanschluß.

Zielpunkt
Bahnhof oder Altstadt von Ulm. Rückkehrmöglichkeit nach Ehingen mit der Bahn.

Gesamttourenlänge
36 km.

Zeitbedarf
3 Stunden Fahrzeit.

Etappen
Ehingen – Öpfingen: 7 km; Öpfingen – Erbach: 14 km; Erbach – Ulm-Gögglingen: 6 km; Ulm-Gögglingen – Ulm: 9 km.

Steigungen
Keine nennenswerten Anstiege.

Geländestruktur
Durch die weiten, flachen Talauen der Donau.

Günstigste Jahreszeit
Vom Frühjahr bis in den Spätherbst.

Sehenswertes
- *Erbach:* Renaissance-Schloß.
- *Ulm:* Altstadt mit Münster und Fischerviertel.

Variante
Am Rand von Erbach eine Variante entlang der Donau und eine durch das Ortsgebiet.

Wir beginnen die Tour auf dem *Marktplatz* in **Ehingen**. Am Rathaus vorbei fahren wir zur Hauptstraße, auf ihr kurz nach links und dann rechts in die *Müllerstraße*. Wir mühen uns den steilen Berg hinauf und biegen am höchsten Punkt links in den Radweg, der uns auf einem Hügelkamm nach **Nasgenstadt** führt. Dort auf der Straße nach rechts und nach kurzer Fahrt rechts in den *Kapellenweg*. An der Gabelung halten wir uns wieder rechts und lassen die Räder durch Nasgenstadt hinabrollen.

Wir treffen auf die Landstraße, auf der wir rechts über die Donau nach **Griesingen** radeln. Wir fahren geradewegs durch den Ort und biegen nach der Kirche links in den *Riedweg*. Bei erster Gelegenheit halten wir uns rechts und radeln bald links auf der Kreisstraße nach **Öpfingen**. Am Ortsrand halten wir uns rechts und fahren auf angenehmen Sträßchen bis nach **Ersingen**. Wir treffen auf eine Vorfahrtsstraße, die uns links in das Ortszentrum bringt. Auf der *Mittelstraße* radeln wir geradeaus bis zur Kirche, an der sich der Weg gabelt. Man kann sich links halten und trifft bald auf die Hauptstraße, der man nach rechts folgt. Oder man fährt an der Kirche rechts in die *Römerstraße* und dann linkshaltend auf einem Fußweg bis zum Badesee. Dort hält man sich links und trifft nach kurzer Fahrt an der Hauptstraße auf die erstgenannte Variante.

Wieder vereint, biegt der Weg von der Hauptstraße links zum Donauwehr hin ab. Zwischen Stausee und Donaukanal radeln wir zum Ortsrand von **Erbach** und dort

161 Meter hoch ragt der Turm des Ulmer Münsters über den Münsterplatz empor. Er ist der weltweit höchste Kirchturm.

unter der Eisenbahnlinie hindurch zur ***Riedmühle***. Hier gabelt sich erneut die Strecke. Links führt der Hauptweg entlang der verkehrsreichen Straße nach Erbach hinein. Ein Abstecher führt links auf den ***Schloßberg***. Auf einem Vorgängerbau wurde 1550 das mächtige Renaissance-Schloß errichtet. Im Inneren besticht ein herrlich ausgestatteter Barock-Saal. Von der verkehrsreichen Hauptstraße biegen wir dann in Erbach rechts in die nach ***Donaustetten*** ausgeschilderte Straße ein. Ein Radweg führt uns zur Donaubrücke, vor der wir links einbiegen.
Wer nicht das Ortszentrum von Erbach und das Schloß besuchen möchte, der hält sich an der Riedmühle rechts und folgt auf dem Dammweg dem Donauufer. Am Kraftwerk überqueren wir den Fluß und radeln links zur Donaubrücke bei **Donaustetten**. Links über die Brücke und, mit der Strecke über Erbach vereint, rechts in den Feldweg. Wir folgen dem Westufer der Donau und radeln danach am Gewerbegebiet Donautal entlang. Am Druckzentrum knickt die Strecke nach rechts, und eine schmale Brücke bringt uns über die Donau zur ***Laupheimer Straße***. Wir halten uns links, radeln unter der Hauptstraße hindurch und biegen nach 100 Metern links ab. An der Donau entlang erreichen wir in reizvoller Landschaft das ***Kraftwerk Wiblingen*** und überqueren die Donau. Wir fahren bis vor die Eisenbahnlinie, halten uns dort rechts und folgen dem Donauufer bis zur Altstadt von **Ulm**.
Mitte des 9. Jahrhunderts wurde Ulm erstmals urkundlich erwähnt. Ab dem 11. Jahrhundert nahm die Stadt dank ihrer Lage am Knotenpunkt wichtiger Handelswege einen raschen Aufschwung. Im 14. Jahrhundert erlaubte es der Reichtum Ulms, mit dem Bau des riesigen Münsters zu beginnen. Ihre Blütezeit erlebte die

Stadt im 15. und 16. Jahrhundert. Als mächtigste der freien Reichsstädte führte Ulm den Schwäbischen Bund an. Mit den Künstlern der Ulmer Schule hatte sie in dieser Zeit auch ihren kulturellen Höhepunkt erreicht. Mit dem Dreißigjährigen Krieg begann der langsame Abstieg Ulms, das sich erst im 19. Jahrhundert wieder wirtschaftlich erholen konnte. Unübersehbarer Mittelpunkt von Ulm ist das ***Münster***, nach dem Kölner Dom zweitgrößte gotische Kirche Deutschlands. Mit 161,6 Metern ist ihr Turm der höchste Kirchturm weltweit. 1377 wurde mit dem Bau des Münsters begonnen, und erst 1890 konnte der Turm vollendet werden. Durch formenreich geschmückte gotische Portale betritt man den in gedämpftem Licht aufstrebenden Kirchenraum. Besondere Beachtung verdienen die alten Glasfenster im Chor, das spätgotische Chorgestühl und der Sippenaltar von 1521. Weitere Sehenswürdigkeiten in der Altstadt sind das ***Rathaus*** aus dem 14. Jahrhundert mit reichen Wandmalereien und das benachbarte ***Ulmer Museum*** mit Kunstgegenständen aus dem schwäbischen Raum und einer vor- und frühgeschichtlichen Sammlung. Vom 1613 erbauten ***Schwörhaus*** mußte alljährlich das Stadtoberhaupt den Eid auf die Stadtregeln ablegen. An der Blaumündung liegt das malerische ***Fischer- und Gerberviertel*** mit seinen Brücken, verwinkelten Gassen und schiefen Fachwerkhäusern. Am Donauufer findet man den im 14. Jahrhundert erbauten ***Metzgerturm***, der sich um zwei Meter zur Seite neigt und daher »Schiefer Turm von Ulm« genannt wird. Von der ***Adlerbastion*** stürzte 1811 der Schneider von Ulm in die Donau, als er versuchte, mit einem selbstgebauten Fluggerät die Donau zu überqueren. Im ***Reichenauer Hof*** befindet sich ein Freskenzyklus aus dem 14. Jahrhundert.

Radverleih
In Ulm.

Radreparatur
• *Öpfingen:* Fa. Schrodi, Kirchgasse 23, Tel. (0 73 91) 5 15 48. • *Erbach:* Fa. Ochs, Erlenbacher Str. 8, Tel. (0 73 05) 73 12; Die Speiche, Daimlerstr. 3, Tel. (0 73 05) 2 37 77. • *Ulm:* Fa. Reich, Frauenstr. 34, Tel. (07 31) 2 11 79; Fa. Thürmeimer, Frauenstr. 54, Tel. (07 31) 2 34 27; Fa. Maier, Fischergasse 17, Tel. (07 31) 61 08 86.

Übernachtungen unterwegs
• *Nasgenstadt:* Hotel Panorama, Karpfenweg 7, Tel. (0 73 91) 5 45 00. • *Öpfingen:* Gasthaus Ochsen, Darrengasse 42, Tel. (0 73 91) 61 29. • *Ersingen:* Karl Kurz, Seestr. 3, Tel. (0 73 05) 51 53; Otto Greif, Rißtisser Str. 4, Tel. (0 73 05) 41 60. • *Erbach:* Mehrere Hotels und Gasthöfe. • *Ulm-Donaustetten:* Gasthaus zum Kreuz, Alb-Donau-Str. 17, Tel. (0 73 05) 71 60. • *Ulm-Gögglingen:* Gasthof zum Ritter, Bertholdstr. 8, Tel. (0 73 05) 73 65 oder 60 25; Gasthof Sonne, An der Zollbrücke 29, Tel. (0 73 05) 72 32. • *Ulm* und *Neu-Ulm:* Große Auswahl an Hotels, Gasthöfen und Pensionen.

Preiswerte Unterkunft
• *Ulm:* Geschwister-Scholl-Jugendherberge, Grimmelfinger Str. 45, Tel. (07 31) 38 44 55.

Camping
• *Ersingen:* Zeltmöglichkeit am Badesee, Auskunft Tel. (0 73 05) 74 60.

Einkehrmöglichkeiten
In Nasgenstadt, Öpfingen, Ersingen, Erbach, Ulm-Donaustetten, Ulm-Gögglingen und Ulm.

Auskunft
• 89584 Öpfingen: Bürgermeisteramt, Kirchgasse 4, Tel. (0 73 91) 61 96. • 89155 Erbach: Bürgermeisteramt, Erlenbachstr. 50, Tel. (0 73 05) 1 30. • 89073 Ulm: Tourist-Information Ulm/Neu-Ulm, Münsterplatz, Tel. (0 73) 1 61 28 30.

Kombinationen
Kann mit Tourenvorschlag 6 zu einer 76 Kilometer langen Rundtour verknüpft werden.

Landkarten
ADFC-Radtourenkarte 1:150 000, Blatt 25 »Bodensee – Schwäbische Alb«.

6 Variante: Von Ehingen durch das Blautal nach Ulm

Ehingen – Allmendingen – Schelklingen – Blaubeuren – Blaustein-Klingenstein – Ulm

Als empfehlenswerte Alternative zum Radweg entlang der Donau bietet sich zwischen Ehingen und Ulm die Fahrt durch das Urdonautal an. Bis vor 200 000 Jahren floß die Donau in einem windungsreichen Tal durch die Jurafelsen, ehe sie weiter südlich den einfacheren Weg nach Ulm fand. Wir beginnen die Tour auf dem Marktplatz von **Ehingen**. Von hier leitet uns die ***Bahnhofstraße*** abwärts. Wir wenden uns nach dem Postamt nach rechts, durchqueren den Park und halten uns an seinem Ende links. Auf einem Radweg fahren wir an der Schmiech entlang. Wir stoßen auf die ***Rosenstraße***, die uns links nach **Berkach** führt. Rechtshaltend in den Ort und am Rand des Allmendinger Rieds nach **Klein-Allmendingen**. Wir fahren geradewegs durch das Dorf und biegen vor der Bahnlinie links ab. Nach zwei Kilometern auf einer Vorfahrtsstraße kurz nach rechts und dann links zum bewaldeten Talhang, vor dem wir rechts nach **Schmiechen** radeln.

Hier fahren wir rechtshaltend zur B492 und an ihr entlang in das nahe **Schelklingen**, über dem der Bergfried der Burgruine ***Hohenschelklingen*** aufragt. Neben einer Anzahl historischer Fachwerkhäuser findet man am ***Marktplatz*** das ***Alte Rathaus***, in dem das Schelklinger Heimatmuseum untergebracht ist. Hier sind Steinzeitfunde vom »Hohlen Fels« ausgestellt. Unbedingt sehenswert ist die ***St.-Afra-Kapelle*** mit einem herrlichen, vollständig erhaltenen gotischen Freskenzyklus (Schlüssel im Cafe Bachner).

Ausgangsort
Der Marktplatz von Ehingen. Ehingen liegt westlich von Ulm im Tal der Donau. Bahnanschluß.

Zielpunkt
Bahnhof oder Altstadt von Ulm. Rückkehrmöglichkeit nach Ehingen mit der Bahn.

Gesamttourenlänge
40 km.

Zeitbedarf
3,5 Stunden Fahrzeit.

Etappen
Ehingen – Schelklingen: 12 km;
Schelklingen – Blaubeuren: 8 km;
Blaubeuren – Blaustein-Klingenstein: 12 km;
Blaustein-Klingenstein – Ulm: 8 km.

Steigungen
Keine nennenswerten Steigungen.

Geländestruktur
Durch das teils von hellen Kalkfelsen überragte Tal, das einst die Urdonau in die Schwäbische Alb gegraben hat.

Günstigste Jahreszeit
Vom Frühjahr bis in den Spätherbst.

Sehenswertes
• *Schelklingen:* Altstadt mit Heimatmuseum und St.-Afra-Kapelle, Burg Hohenschelklingen, Karstquelle und ehemaliges Kloster in Urspring und Kulturdenkmal Hohler Fels. • *Blaubeuren:* Altstadt mit urgeschichtlichem Museum, Kloster mit Klosterkirche und der Blautopf. • *Ulm:* Altstadt mit Münster und Fischerviertel.

Der *Donauradweg* läßt das Ortszentrum von Schelklingen links und folgt der B492. Kurz nach dem Abzweig nach Ringingen biegen wir rechts ab. Vorbei am Freibad radeln wir zum **Hohlen Fels**. Im von Höhlen durchlöcherten Jurafels lebten während der Eiszeit altsteinzeitliche Jäger. Etwa einen Kilometer weiter auf einem Quersträßchen kurz nach links und dann rechts zum Bruckfels am Ortsrand von **Weiler**. In den Felsen versteckt liegt die **Geißenklösterle** genannte Höhle, die zu den bedeutendsten Fundplätzen aus der Altsteinzeit zählt. Man stieß hier auf 30 000 Jahre alte Elfenbeinschnitzereien und einen vor 37 000 Jahren bemalten Stein, der als älteste Malerei in Europa gilt.

Wir überqueren die Ach und wenig später die Bundesstraße. Ein Radweg führt uns bis zum Ortsrand von Blaubeuren. An der Bundesstraßenkreuzung über die Ampel und jenseits in die *Weilerstraße*. Nach kurzer Fahrt biegen wir rechts in den *Talmühlweg* und fahren danach auf der *Karlstraße* links in das Zentrum von **Blaubeuren**. Die Geschichte der Stadt begann mit der Gründung des Klosters im Jahre 1085. Neben dem *Fachwerk-Rathaus* aus dem 15. Jahrhundert und zahlreichen alten Bürgerhäusern verdient die Stadtkirche dank eines gotischen Altars der Ulmer Schule besondere Beachtung. Das nahe *Heilig-Geist-Spital* beherbergt das sehenswerte urgeschichtliche Museum. Es zeigt die reichen Funde aus den Höhlen rund um Blaubeuren, in denen Neandertaler und frühe Steinzeitmenschen lebten. Vom Stadtzentrum sind es nur wenige Meter zum berühmten *Kloster*. Die um 1500 erbauten Fachwerkgebäude sind perfekt renoviert, und der spätgotische

Ein kurzer Abstecher führt von Schelklingen zum ehemaligen Kloster und zur geheimnisvoll schimmernden Karstquelle in Urspring.

Abseits ausgetretener Touristenpfade liegt die stille Altstadt von Schelklingen, die mit hübschen Straßenzügen aufwarten kann.

Altar in der Klosterkirche gilt als herausragendes Werk der Ulmer Schule. Am Hangfuß hinter dem Kloster liegt die bekannteste Karstquelle Deutschlands: der in geheimnisvollen Grün- und Blautönen leuchtende *Blautopf*. An seinem Rand steht eine 500 Jahre alte Hammerschmiede.

Vor dem Blautopf fahren wir nach rechts, überqueren die Blau und folgen den Wegweisern, die uns durch das Tal nach **Gerhausen** führen. Auf der Bundesstraße kurz nach links und dann rechts in eine Nebenstraße. Den Wegweisern folgend durch den Ort und rechts der Blau am Fuße des Talhanges nach **Arnegg**. Wir radeln geradewegs durch das Dorf und finden am Ortsende links einen Kiesweg, der uns zwischen Wiesen nach **Klingenstein** bringt. Wir überqueren geradewegs die Hauptstraße und fahren auf der *Arnegger Straße* bis zur B32. Rechtshaltend folgen wir der vielbefahrenen Straße und biegen nach wenigen hundert Metern rechts in eine Seitenstraße.

Nach wenigen Metern halten wir uns hinter dem Flüßchen links und folgen dem Radweg bis in einen Vorort von Ulm. Nach einem kurzen Rechts-links-Knick wieder hinab zum Flüßchen und auf einem Radweg bis zu seinem Ende. Dort fahren wir links über die schmale Brücke und geradewegs bis zu einer Vorfahrtsstraße. Wir biegen links ein und erreichen eine breite Straße, auf der wir nach rechts radeln. Nach 400 Metern biegen wir links ab und finden nach der Brücke über die Blau rechts einen Weg. Auf ihm radeln wir links der Blau, bis wir den Radweg an der *Hindenburgstraße* erreichen. Auf ihm 600 Meter nach rechts, bis wir links abbiegen. Jetzt geradewegs durch zwei Unterführungen bis zur Fußgängerzone im Stadtzentrum von **Ulm** (Ulm: siehe Tour 5).

Radverleih
In Ulm.

Radreparatur
• *Allmendingen:* Fa. Geiger, Hauptstr. 56, Tel. (0 73 91) 63 79. • *Schelklingen:* Autohaus Schaude, Ehinger Str. 20, Tel. (0 73 94) 20 08. • *Blaubeuren:* Hans Käppler, Karlstr. 52, Tel. (0 73 44) 63 98. • *Blaustein-Klingenstein:* Radsport Pfister, Ulmer Str. 19, Tel. (0 73 04) 4 21 92. • *Ulm:* Siehe Tour 5.

Übernachtungen unterwegs
• *Allmendingen:* Gasthaus Adler, Hauptstr. 23, Tel. (0 73 91) 5 20 69; Gasthaus Sportheim, Sportplatz 1, Tel. (0 73 91) 67 77. • *Schmiechen:* Gasthaus Hirsch, Hauptstr. 40, Tel. (0 73 94) 23 64; Garni Pizzeria Vesuvio, Hauptstr. 50, Tel. (0 73 94) 23 38. • *Schelklingen:* Gasthaus Sonne, Marktstr. 9, Tel. (0 73 94) 10 03. • *Weiler:* Hotel Forellenfischer, Aachtalstr. 5, Tel. (0 73 44) 50 24. • *Blaubeuren:* Mehrere Hotels und Gaststätten. • *Blaustein-Arnegg:* Gasthaus zum Kreuz, Erminger Str. 2, Tel. (0 73 04) 66 48. • *Blaustein-Klingenstein:* Hotel Kalte Herberge, Ulmer Str. 30, Tel. (0 73 04) 9 61 90. • *Ulm* und *Neu-Ulm:* Große Auswahl an Hotels, Gasthöfen und Pensionen.

Preiswerte Unterkunft
• *Blaubeuren:* Jugendherberge, Auf dem Rucken 69, Tel. (0 73 44) 64 44.

Einkehrmöglichkeiten
In Allmendingen, Schmiechen, Schelklingen, Weiler, Blaubeuren, Gerhausen, Arnegg, Blaustein-Klingenstein und Ulm.

Auskunft
• 89604 Allmendingen: Bürgermeisteramt, Hauptstr. 16, Tel. (0 73 91) 80 59. • 89601 Schelklingen: Fremdenverkehrsverein Schmiechtal, Marktstr. 15, Tel. (0 73 94) 24 80. • 89143 Blaubeuren: Fremdenverkehrsstelle, Karlstr. 2, Tel. (0 73 44) 92 10 25. • 89134 Blaustein: Bürgermeisteramt, Marktplatz 2, Tel. (0 73 04) 80 20. • 89073 Ulm: Tourist-Information Ulm/Neu-Ulm, Münsterplatz, Tel. (0 73) 1 61 28 30.

Kombinationen
Kann mit Tourenvorschlag 5 zu einer 76 Kilometer langen Rundtour verknüpft werden.

Landkarten
ADFC-Radtourenkarte 1:150 000, Blatt 25 »Bodensee – Schwäbische Alb«.

7 Von Ulm nach Günzburg

Ulm – Unterelchingen – Weißingen – Leipheim – Günzburg

Ausgangsort
Das Donauufer in Ulm. Ulm liegt im Kreuzungspunkt mehrerer Fernverkehrsstraßen im Tal der Donau. Bahnanschluß.

Zielpunkt
Die Altstadt von Günzburg. Rückkehrmöglichkeit von Günzburg nach Ulm mit der Bahn.

Gesamttourenlänge
27 km.

Zeitbedarf
2,5 Stunden.

Etappen
Ulm – Unterelchingen: 12 km;
Unterelchingen – Leipheim: 8 km;
Leipheim – Günzburg: 8 km.

Steigungen
Keine nennenswerten Steigungen.

Geländestruktur
Auf weiten Abschnitten durch die Auwälder entlang der Donau.

Günstigste Jahreszeit
Vom Frühjahr bis in den Spätherbst.

Sehenswertes
- *Oberelchingen:* Klosterkirche.
- *Leipheim:* Renaissance-Schloß und Oberstadt mit Wehrmauer, Pfarrkirche und Heimatmuseum.
- *Günzburg:* Altstadt mit Unterem Tor, Marktplatz, Frauenkirche, Schloß und Heimatmuseum.

Zu beachten
Ein etwa einen Kilometer langes, enges und holpriges Wegstück auf der Variante von Thalfingen entlang der Donau nach Weißingen.

Abstecher
Ein kurzer Abstecher führt vom Donauradweg nach Leipheim.

Variante
Von Thalfingen an der Donau entlang nach Weißingen.

Wir beginnen den heutigen Tourentag am Donauufer in **Ulm** und radeln am Nordufer des Flusses nach Osten. Als Alternative kann man auch zum Neu-Ulmer Ufer wechseln, von dem man einen herrlichen Blick zur Ulmer Altstadt hat. Man folgt dann etwa fünf Kilometer dem Südufer, bis eine Radlerbrücke zum Hauptweg am Nordufer hinüberführt. Ein Radweg bringt uns entlang der Straße bis zu einer Ampel kurz vor **Thalfingen**. Wer einen schlechten Weg nicht scheut, der fährt hier entlang der Hauptstraße weiter. An der Ab-

Vom Südufer der Donau schaut man hinüber zur Altstadt von Ulm, die von dem 161 Meter hohen Turm des gotischen Münsters überragt wird.

zweigung nach Burlafingen geradeaus und kurz danach, wo die Hauptstraße nach links umknickt, geradeaus in eine Sandstraße. Nun immer nahe der Donau, bald über ein holpriges Wegstück, zur Autobahnbrücke. Etwa zwei Kilometer weiter biegt man bei Flußkilometer 2 572,8 links in Richtung **Weißingen** ab. Rechtshaltend erreicht man das kleine Dorf.
Wer auf besseren Wegen unterwegs sein will, der folgt von der Ampel dem schmalen Weg, der unter der Bahnlinie hindurch nach **Thalfingen** führt. Er knickt nach rechts, geht in die ***Bahnhofstraße*** über und bringt uns zur ***Donaustraße***. Auf ihr nach links und auf der ***Elchinger Straße*** rechts aus dem Ort. Jetzt folgen wir der

Hauptstraße, vorbei an **Oberelchingen** mit dem barock umgestalteten Kloster, bis wir in **Unterelchingen** rechts in die nach Weißingen ausgeschilderte Straße einbiegen. Wir radeln geradewegs über die Umgehungsstraße und die Autobahn. Vorbei am Riedelsee erreichen wir das erste Gebäude von **Weißingen** und biegen rechts in eine Nebenstraße, die uns in den kleinen Ort führt. Rechts zweigt ein Forstweg ab, der uns durch den Donauwald geradewegs fast fünf Kilometer nach Osten bringt. Vor **Leipheim** stoßen wir auf die Donaubrücke, über die ein kurzer Abstecher in den sehenswerten Ort mit guten Einkehrmöglichkeiten führt. Die Oberstadt mit der gotischen ***St.-Veit-Kirche*** ist teilweise von der alten, mit Wehrtürmen verstärkten Stadtmauer umgeben, und das herrlich gelegene, 1559 erbaute ***Güssen-Schloß*** beherbergt eine Waffensammlung.
Wer den Abstecher nicht unternehmen will, bleibt auf der Nordseite der Donau und fährt unter der Straße durch. Vorbei am Schützenhaus erreichen wir eine Weggabelung, an der wir uns rechts halten. Wir fahren durch den Auwald bis zur Hauptstraße, an der wir nach rechts radeln. Nach etwa 500 Metern müssen wir uns entscheiden. Links am Waldfreibad vorbei und am Donauufer entlang führt die Hauptroute, die das Stadtgebiet von Günzburg umgeht. Am Fuße der Reisensburg überquert man die Donau und radelt

zu einer Kreuzung hinauf, an der man wieder auf den unter Tour 8 beschriebenen Weg trifft.
Wer ***Günzburg*** besichtigen oder dort übernachten will, radelt auf der Hauptstraße geradeaus weiter. Wir überqueren die Donau und die Bahngleise und fahren von der großen Kreuzung links über die Günz und hinauf zur Altstadt von **Günzburg**. Durch das *Untere Tor*, den bedeutendsten Rest der alten Befestigung und das heutige Wahrzeichen der Stadt, erreicht man den großzügigen *Marktplatz*.

Auf den breiten, langgezogenen Marktplatz in der Altstadt von Günzburg sieht der Turm des Unteren Tores hinab, der heute das Wahrzeichen der Stadt ist.

Im 14. Jahrhundert entstand die planmäßige Stadtanlage mit den sich rechtwinklig schneidenden Straßenzügen. Im 16. Jahrhundert wurden das *Markgräfliche Schloß* und die Schloßkapelle erbaut. Nach dem Stadtbrand von 1735 entstand in der Nordostecke der Oberstadt nach Plänen von Domenikus Zimmermann die *Frauenkirche*, die als bedeutendstes Bauwerk der Stadt gilt.

Radverleih
In Ulm.

Radreparatur
• *Leipheim:* Fa. Schaarschmidt, Marktstr. 1, Tel. (0 82 21) 77 05; Fa. Biedenbach, Güssenstr. 25, Tel. (0 82 21) 75 55. • *Günzburg:* Radhaus Glaß, Augsburger Str. 24, Tel. (0 82 21) 64 28; AFS GmbH, Augsburger Str. 18a, Tel. (0 82 21) 64 00.

Übernachtungen unterwegs
• *Thalfingen:* Gasthaus Austüble, Austr. 26, Tel. (07 31) 26 31 35. • *Unterelchingen:* Mehrere Gasthöfe. • *Leipheim:* Mehrere Gasthöfe und Hotels. • *Günzburg:* Große Auswahl an Hotels, Gasthöfen und Pensionen.

Preiswerte Unterkunft
• *Günzburg:* Jugendherberge Kolpinghaus, Schillerstr. 12, Tel. (0 82 21) 3 44 87; Naturfreundehaus, Schmiedlweg 2, Tel. (0 82 21) 61 03.

Camping
• *Günzburg:* Zeltplatz am Naturfreundehaus, Schmiedlweg 2, Tel. (0 82 21) 61 03.

Einkehrmöglichkeiten
In Thalfingen, Unterelchingen, Weißingen, Leipheim und Günzburg.

Auskunft
• 89275 Unterelchingen: Gemeindeverwaltung Elchingen, Pfarrgäßle 2, Tel. (07 31) 2 06 60. • 89340 Leipheim: Stadtverwaltung, Marktstr. 5, Tel. (0 82 21) 70 70. • 89312 Günzburg: Tourist-Information, Lannionplatz 1, Tel. (0 82 21) 36 63 36.

Landkarten
ADFC-Radtourenkarte 1:150 000, Blatt 25 »Bodensee – Schwäbische Alb«.

8 Von Günzburg nach Dillingen

Günzburg – Offingen – Gundelfingen – Lauingen – Dillingen

Ausgangsort
Der Bahnhof in Günzburg. Günzburg liegt nördlich der Ausfahrt Günzburg von der A8 im Tal der Donau. Bahnanschluß.

Zielpunkt
Die Altstadt von Dillingen. Rückkehrmöglichkeit von Dillingen nach Günzburg mit der Bahn.

Gesamttourenlänge
28 km.

Zeitbedarf
2,5 Stunden.

Etappen
Günzburg – Offingen: 8 km;
Offingen – Gundelfingen: 7 km;
Gundelfingen – Lauingen: 8 km;
Lauingen – Dillingen: 5 km.

Steigungen
Zwischen Günzburg und Offingen einige kürzere Anstiege.

Geländestruktur
Vor Offingen über einen Höhenrücken südlich der Donau, dann durch das breite, flache Donautal.

Günstigste Jahreszeit
Vom Frühjahr bis in den Spätherbst.

Sehenswertes
• *Reisensburg:* Die zum Schloß umgebaute Reisensburg. • *Offingen:* Schloß. • *Gundelfingen:* Altstadt mit Stadtpfarrkirche, Rathaus und Torturm. • *Faimingen:* Römische Tempelanlage. • *Lauingen:* Altstadt mit Rathaus, Schimmelturm, Herzogsschloß, Martinsmünster und Heimathaus. • *Dillingen:* Altstadt mit Schloß, »Goldenem Saal« in der ehemaligen Universität, Studienkirche, Basilika St. Peter, Franziskanerinnen-Kloster, Mitteltorturm und Stadt- und Hochstiftmuseum.

Wir beginnen unsere Tour am Bahnhof von **Günzburg** und fahren die ***Bahnhofstraße*** aufwärts zu einer Kreuzung. Wir halten uns links und biegen nach kurzer Fahrt rechts in die ***Reisensburger Straße***. Nun radeln wir 1,5 Kilometer auf der Hauptstraße geradeaus, bis wir in **Reisensburg** kurz nach dem Gasthaus zum Hasen links auf die ***Georg-Lacher-Straße*** abzweigen. Am Fuße des Burghügels halten wir uns rechts und folgen der Straße zu einer kleinen Kirche, neben der die Auffahrt zur ***Reisensburg*** abzweigt. Sie zählt zu den ältesten Burganlagen in weitem Umkreis. Die mittelalterliche Anlage wurde in der Barockzeit zu einem kleinen Schloß umgestaltet, das für die Allgemeinheit nicht zugänglich ist.

An der Kreuzung hinter der Kirche fahren wir geradeaus (von links kommt die Hauptstrecke des ***Donauradweges*** herauf) die Straße aufwärts, bis sie nach rechts umbiegt. Hier links auf ein Sandsträßchen, am Waldrand rechts und nach 300 Metern wieder links. Wir radeln geradewegs über einen Höhenrücken und halten uns nach einer kurzen Abfahrt an einer Weggabelung rechts. Ein Teersträßchen bringt uns geradewegs nach **Offingen**. Im Dorf auf der Vorfahrtsstraße nach links und kurz nach der Kirche auf der ***Donaustraße*** rechts hinab zu einer Vorfahrtsstraße. Wir radeln links über die Donau und biegen nach 200 Metern links in eine schmale Straße. An der nächsten Gabelung halten wir uns rechts, überqueren die Gleise und biegen nach 50 Metern rechts in eine schmale Teerstraße. Jetzt fahren wir vier Kilometer immer geradeaus, bis wir kurz nach einem Badesee auf eine Vorfahrtsstraße treffen. Auf ihr 300 Meter nach links und dann rechts in ein schmales Sträßchen, das uns

Im Dörfchen Faimingen erinnern die Reste einer Tempelanlage an das römische Kastell, das hier eine wichtige Straße bewachte.

bis zum Gewerbegebiet von **Gundelfingen** bringt. Geradeaus führt ein längerer Abstecher in das alte Stadtzenturm an der Brenz. Dort geht es durch den Torturm aus dem 16. Jahrhundert zum türmchengeschmückten ***Rathaus*** von 1677 und zur gotischen ***Stadtkirche***, die im 18. Jahrhundert barockisiert wurde.
Der ***Donauradweg*** knickt auf der Straße vor dem Gewerbegebiet nach rechts, biegt dann rechts in die ***Stadionstraße*** und führt linkshaltend am Badesee vorbei. Nach dem Badegelände halten wir uns rechts und fahren an der Brenz entlang nach **Echenbrunn**. Wir radeln über die Brücke links in den Ort und halten uns an der folgenden Kreuzung rechts. Nach kurzer Fahrt links in die ***Mühlenstraße*** und dann rechts in die ***Leitenstraße***. Dann verlassen wir den Ort und radeln durch die Wiesen in das nahe **Faimingen**. Geradewegs geht es durch das kleine Dorf mit der großen Geschichte, die sich uns erschließt, wenn wir dem Wegweiser zum ***römischen Tempel*** wenige Meter nach rechts folgen. Hier, am Kreuzungspunkt einer wichtigen Römerstraße mit der Donau, erbauten die Römer das Kastell »Phoebiana«, neben dem ein Dorf entstand. Die säulengeschmückten Überreste des römischen Tempels führen uns in die Zeit vor 1900 Jahren zurück.
Kurz vor dem Ortsende von Faimingen halten wir uns links und treffen auf die B16, an der entlang uns ein Radweg in das nahe **Lauingen** führt. Wir radeln auf der vielbefahrenen Hauptstraße durch die Stadt. Unübersehbares Wahrzeichen ist der im 15. und 16. Jahrhundert erbaute, 54 Meter hohe ***Schimmelturm*** mit seinen Fresken an der Außenseite. Nebenan steht das klassizistische Rathaus. Den bayerischen Herzögen verdankt die Stadt die im 14. Jahrhundert errichtete Stadtmauer und das Schloß von 1475. Ein

Ein Abstecher führt uns vom Donauradweg in die Altstadt von Gundelfingen, die an dem kleinen Flüßchen Brenz liegt.

Denkmal erinnert an den in Lauingen geborenen Albertus Magnus, und im spätgotischen ***Martinsmünster*** sind Fresken aus der Erbauungszeit zu entdecken.
Am Ortsende können wir zwischen zwei Wegvarianten wählen. Entweder wir folgen der B16 bis zum Stadtrand von Dillingen. Dort gegenüber dem Abzweig nach Hausen rechts in die ***Schillerstraße***, an der die beiden Varianten wieder zusammentreffen. Oder wir nehmen den angenehmeren Weg, der am Ortsende von Lauingen rechts in die ***Weihengeystraße*** abzweigt. Nach kurzer Fahrt rechts in eine schmale Straße, die zur alten Tuchfabrik hinabführt. Hier links abbiegen und geradewegs durch den ruhigen Auwald, bis wir nach einem kurzen Anstieg den Stadtrand von Dillingen erreichen. Auf einem schmalen Sträßchen kurz zu einer Kreuzung, dort links und geradewegs bis zur ***Schillerstraße***. Wir folgen der breiten Straße nach rechts zum Taxispark, fahren an der Ampel kurz nach rechts und biegen dann links in die ***Kardinal-Waldburg-Straße***. Sie bringt uns geradewegs zur ***Königstraße*** im Stadtzentrum von **Dillingen**. Der im 13. Jahrhundert zur Stadt aufgestiegene Ort kam 1258 zum Augsburger Hochstift und war zeitweise Residenz der Fürstbischöfe. Mitte des 16. Jahrhunderts wurde die Jesuiten-Universität gegründet, deren Geschichte mit der Auflösung des Ordens im Jahre 1773 endete. Ihre Glanzzeit erlebte die Stadt im 17. und 18. Jahrhundert, und ihre Straßen werden daher vor allem von barocken Bauwerken geprägt. Sehenswert sind in erster Linie das im 18. Jahrhundert barock umgestaltete ***Schloß***, der prachtvolle »Goldene Saal« im Universitätsgebäude, die ***Studienkirche*** mit herrlicher Rokoko-Ausstattung und die barocke ***Basilika St. Peter***, die wie die ***Klosterkirche der Franziskanerinnen*** mit Stuck und Fresken im Stil des Rokoko ausgeschmückt ist. Die von barocken Bürgerhäusern umgebene Königstraße wird vom ***Mitteltorturm*** abgeschlossen, der an die alte Stadtbefestigung erinnert. Einen Besuch wert ist das ***Stadt- und Hochstiftmuseum***.

Radreparatur
• *Offingen:* Radsport Eberle, Marktstr. 2a, Tel. (0 82 24) 9 00 88. • *Gundelfingen:* Fa. Hausmann, Schulstr. 5, Tel. (0 90 73) 72 57. • *Lauingen:* Zweirad Riesenegger, Gundelfinger Str. 10, Tel. (0 90 72) 34 05. • *Dillingen:* Fa. Brachem, Am Stadtberg 21, Tel. (0 90 71) 62 22; Fa. Greger, Weberstr. 3, Tel. (0 90 71) 12 04; Tankstelle Eisenhofer, Große Allee 2, Tel. (0 90 71) 64 74.

Übernachtungen unterwegs
• *Offingen*: Pension Lotti, Herrenwörthstr. 5, Tel. (0 82 24) 23 19; Radlerzimmer Wiedenmann, Herrenwörthstr. 11, Tel. (0 82 24) 23 70.
• *Gundelfingen:* Mehrere Gasthöfe und Pensionen.
• *Echenbrunn:* Gasthof Sonne, Lauinger Str. 52, Tel. (0 90 73) 20 55. • *Lauingen:* Mehrere Hotels und Gasthöfe. • *Dillingen:* Größere Anzahl an Hotels, Gasthöfen und Pensionen.

Preiswerte Unterkunft
• *Gundelfingen:* Jugendheim TC Gundelfingen, Stadionstr. 1, Tel. (0 90 73) 24 06. • *Dillingen:* Kanu-Clubhaus, Georg-Schmid-Ring 45, Tel. (0 90 71) 37 25.

Camping
• *Dillingen:* Campingplatz des Kanu-Clubs, Georg-Schmid-Ring 45, Tel. (0 90 71) 37 25.

Einkehrmöglichkeiten
In Offingen, Gundelfingen, Echenbrunn, Faimingen, Lauingen und Dillingen.

Auskunft
Für Offingen: • 89312 Günzburg, Fremdenverkehrsverein für den Landkreis Günzburg, An der Kapuzinermauer 1, Tel. (0 82 21) 9 52 35.
• 89423 Gundelfingen: Kulturamt im Rathaus, Prof.-Bamann-Str. 22, Tel. (0 90 73) 81 37.
• 89415 Lauingen: Stadtverwaltung, Herzog-Georg-Str. 17, Tel. (0 90 72) 70 31.
• 89407 Dillingen: Städt. Verkehrsamt, Königstr. 37, Tel. (0 90 71) 5 41 08 oder 5 41 09.

Landkarten
ADFC-Radtourenkarte 1:150 000, Blatt 25 »Bodensee – Schwäbische Alb«.

9 Von Dillingen nach Donauwörth

Dillingen – Höchstädt – Blindheim – Tapfheim-Bäldleschwaige – Donauwörth

Ausgangsort
Die Altstadt von Dillingen. Dillingen liegt auf halbem Weg zwischen Günzburg und Donauwörth im Tal der Donau. Bahnanschluß.

Zielpunkt
Das Rathaus im Stadtzentrum von Donauwörth. Rückkehrmöglichkeit von Donauwörth nach Dillingen mit der Bahn.

Gesamttourenlänge
36 km.

Zeitbedarf
3 Stunden.

Etappen
Dillingen – Höchstädt: 10 km;
Höchstädt – Blindheim: 6 km;
Blindheim – Tapfheim-Bäldleschwaige: 12 km;
Tapfheim-Bäldleschwaige – Donauwörth: 8 km.

Steigungen
Keine nennenswerten Steigungen.

Geländestruktur
Durch das weite, ebene Bauernland in den Donauniederungen.

Günstigste Jahreszeit
Vom Frühjahr bis zum Spätherbst.

Sehenswertes
- *Höchstädt:* Altstadt mit herzoglichem Schloß, Pfarrkirche und Heimatmuseum.
- *Donauwörth:* Altstadt mit Gebäuden entlang der Reichsstraße, Liebfrauenmünster, Stadtbefestigung, Käthe-Kruse-Puppenmuseum, Archäologisches Museum, Stadt- und Heimatmuseum und die Wallfahrtskirche »Heilig-Kreuz«.

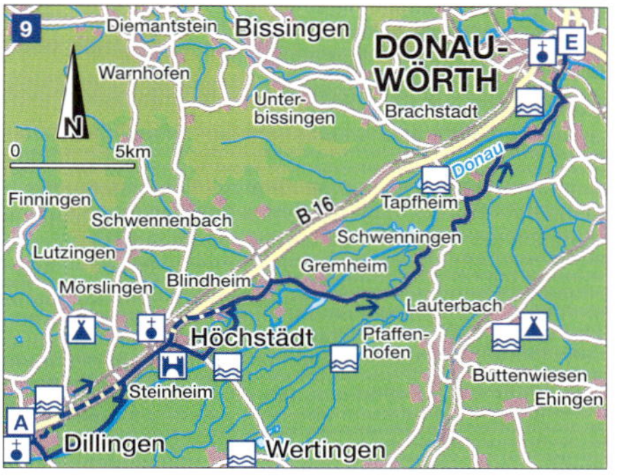

Wir beginnen die Tour im Stadtzentrum von **Dillingen** auf der Königstraße, über die wir zum Mitteltorturm radeln. Nach der Tordurchfahrt halten wir uns rechts und erreichen eine Ampelkreuzung. Hier gabelt sich wieder der Weg. Die Variante entlang der B16 zweigt links über den »*Kasernenplatz*« ab. Man fährt dann die Straße »*Am Galgenberg*« aufwärts und erreicht die *Gutenbergstraße*. Auf ihr nach links und dann rechts in die *Rudolf-Diesel-Straße*, die in den Radweg an der B16 übergeht. Auf ihm nach **Steinheim** und geradewegs durch den Ort.
Schöner und ruhiger ist die Variante entlang der Donau. Wir radeln an der Ampelkreuzung geradeaus zur *Donaubrücke*, vor der wir links zum Festplatz abbiegen. Nach wenigen Metern rechts zum Donaudamm und an der Donau entlang. Nach drei Kilometern biegen wir links ab und fahren zwischen Fischweihern zu einer Weggabelung. Wir halten uns rechts und erreichen **Steinheim**. Wir radeln über die *Jahnstraße* in die *Jägerstraße* und biegen danach rechts in die *Römerstraße*. Nach kurzer Fahrt leitet uns die *Markomannenstraße* zur B16, wo die beiden Varianten wieder zusammentreffen.

Abseits der berühmten Reichsstraße findet man im idyllisch gelegenen Hintermeierhaus das Heimatmuseum von Donauwörth.

Entlang der B16 geht es bis in das Stadtzentrum von **Höchstädt**. Die 1442 erbaute Pfarrkirche birgt einen schönen Barock-Hochaltar und eine spätgotische Madonna. An der Kreuzung vor der Kirche muß man sich wieder zwischen zwei Varianten entscheiden. Kürzer ist der Weg entlang der B16. Am Stadtrand biegt man rechts in die Straße nach Sonderheim ein und radelt geradewegs durch **Sonderheim** bis nach **Blindheim**.
Wir folgen der schöneren Strecke und biegen in **Hochstädt** rechts in die nach Wertingen ausgeschilderte Straße. Vorbei am wuchtigen herzoglichen ***Schloß***, das Ende des 16. Jahrhunderts im Stil der Renaissance erbaut wurde, verlassen wir die Stadt. Nach 1,5 Kilometern biegen wir links in ein Wirtschaftssträßchen ein. Wir folgen der guten Beschilderung und radeln am Westrand einer Teichlandschaft nach **Sonderheim**. Dort finden die beiden Varianten wieder zusammen. Wir biegen auf der Hauptstraße nach rechts und radeln nach **Blindheim**, das geradewegs durchfahren wird. Am Ortsrand fand 1704 im Spanischen Erbfolgekrieg die Schlacht von Blindheim statt. Kaiserliche und englische Truppen besiegten ein französisch-bayerisches Heer. Der englische Heerführer Marlborough erhielt als Anerkennung für den Sieg von der englischen Königin den »Blenheim Palace«.
Kurz vor dem Ortsende zweigt unser Weg rechts auf die nach Greimheim ausgeschilderte Straße ab. Etwa sieben Kilometer weit müssen wir der neugebauten Straße folgen, ehe wir links in die nach Tapfheim und Donaumünster führende Straße einbiegen können.
Nach 4,5 Kilometern passieren wir den Biergarten in **Bäldleschwaige** (auch Zimmer und Zeltplatz) und biegen nach weiteren 500 Metern kurz vor **Rettingen** rechts nach Zusum ab. Durch das weiterhin flache Riedland radeln wir nach **Zusum**. Einen Kilometer nach dem Ort fahren wir links auf den Donaudamm hinauf und auf ihm flußab zum Donaukraftwerk. Wir überqueren die Donau und halten uns anschließend rechts. Am Gelände der Firma Eurocopter vorbei, unter der Bahnlinie durch und geradeaus durch die ***Gartenstraße*** radeln wir zur vorfahrtsberechtigten ***Bahnhofstraße*** in Donau-

Gegenüber der gotischen Stadtpfarrkirche von Donauwörth plätschert an der von alten Gebäuden gesäumten Reichsstraße der Reichsstadtbrunnen.

wörth. Wir fahren kurz nach rechts und biegen danach links auf die Brücke, die uns über die Wörnitz zur Insel Ried bringt. Die ***Hindenburgstraße*** führt zum ***Rieder Tor***, durch das wir die Altstadt von **Donauwörth** erreichen. Geradeaus sind es nur noch wenige Meter bis zum Rathaus an der Reichsstraße. Schon die römische Via Claudia Augusta, deren Verlauf später die Reichsstraße folgte, querte hier die Donau. Im Mittelalter sicherte die Burg Mangoldstein den Übergang, in deren Schutz sich der Ort zur freien Reichsstadt entwickelte. Beginnend am heute weitgehend klassizistischen ***Rathaus***, das seit dem 13. Jahrhundert in mehreren Bauphasen wuchs, zieht die ***Reichsstraße*** bergan. Von altehrwürdigen Gebäuden eingefaßt, zählt sie zu den schönsten Straßenzügen in Deutschland. Erwähnt seien das ***Fuggerhaus*** mit Renaissance-Giebel und das um 1400 erbaute Tanzhaus, in dem ein archäologisches Museum untergebracht ist. Den oberen Abschluß der Reichsstraße markiert die gotische, Mitte des 15. Jahrhunderts erbaute ***Stadtpfarrkirche***. Die Wände sind mit spätgotischen Fresken bemalt. Die bemerkenswerte Ausstattung mit Figuren und einem Sakramentshäuschen ist, abgesehen vom barocken Gestühl, durchwegs gotisch. Die barocke ***Heilig-Kreuz-Kirche*** besticht mit wertvoller Ausstattung, einer großen spätgotischen Kreuzigungsgruppe und dem um 1300 geschaffenen Grabstein der Herzogin von Brabant, die 1256 auf der Burg Mangoldstein hingerichtet wurde. In der Gruftkapelle bewahrt ein romanisches Kästchen die namengebenden Kreuzreliquien. Rund um die Altstadt sind mehrere Tore und Mauerabschnitte der alten Stadtbefestigung erhalten geblieben, die man auf der Fahrt durch die Seitengassen entdecken kann.

Radverleih
In Donauwörth.

Radreparatur
• *Steinheim:* Fa. Ayrle, Reichenbachstr. 1, Tel. (0 90 74) 10 10; Fa. Dollinger, Sudetenstr. 36, Tel. (0 90 74) 14 13 oder 32 12. • *Höchstädt:* Autohaus Kraus, Donauwörther Str. 27, Tel. (0 90 74) 12 47. • *Blindheim:* Fa. Kapfer, Tel. (0 90 74) 13 56. • *Donauwörth:* Top Bike Brachem, Kapellstr. 25, Tel. (09 06) 80 77; Motorrad Sellmair, Dillinger Str. 53., Tel. (09 06) 59 01.

Übernachtungen unterwegs
• *Steinheim:* Gasthaus Ochsen, Dillinger Str. 3, Tel. (0 90 74) 13 38. • *Höchstädt:* Mehrere Hotels und Gasthöfe. • *Sonderheim:* Gasthaus Alte Donau, Hauptstr. 7a, Tel. (0 90 74) 32 20; Gasthaus Heigl, Paulstr. 1, Tel. (0 90 74) 10 66.
• *Tapfheim-Bäldleschwaige:* Gasthof Bäldleschwaige, Tel. (0 90 70) 2 17. • *Donauwörth-Zusum:* Privatzimmer Gerstmeier, St. Sebastian-Str. 5, Tel. (09 06) 45 13. • *Donauwörth:* Größere Anzahl von Hotels, Gaststätten und Pensionen.

Preiswerte Unterkunft
• *Donauwörth:* Jugendherberge, Goethestr. 10, Tel. (09 06) 51 58.

Camping
• *Tapfheim-Bäldleschwaige:* Campingmöglichkeit am Gasthof, Tel. (0 90 70) 2 17.
• *Donauwörth:* Kanu-Club Donauwörth, An der Westspange (am Wörnitzwehr), Tel. (09 06) 2 26 05 (ab 16 Uhr).

Einkehrmöglichkeiten
In Steinheim, Höchstädt, Sonderheim, Blindheim, Tapfheim-Bäldleschwaige und Donauwörth.

Auskunft
• 89420 Höchstädt: Verkehrsamt, Bahnhofstr. 10, Tel. (0 90 74) 44 12.
• 86609 Donauwörth: Tourist-Information, Rathausgasse 1, Tel. (09 06) 78 91 45.

Landkarten
ADFC-Radtourenkarte 1:150 000, Blatt 22 »Fränkische Alb – Altmühl«.

Streckenvariante: Entlang der Romantischen Straße und auf dem Altmühltalradweg von Donauwörth nach Kelheim

10 Von Donauwörth nach Nördlingen

Donauwörth – Harburg – Balgheim – Nördlingen

Ausgangsort
Donauwörth liegt am Kreuzungspunkt der »Romantischen Straße« mit der Donau. Bahnanschluß.

Zielpunkt
Die Altstadt von Nördlingen. Rückkehrmöglichkeit mit der Bahn nach Donauwörth.

Gesamttourenlänge
33 km.

Zeitbedarf
3 Stunden Fahrzeit.

Etappen
Donauwörth – Harburg: 14 km;
Harburg – Nördlingen: 19 km.

Steigungen
Ein steiler Anstieg im Stadtgebiet von Harburg. Zwischen Harburg und Nördlingen mehrere kurze Anstiege.

Geländestruktur
Zwischen Donauwörth und Harburg durch das Tal der Wörnitz, anschließend am Rand des weiten Rieskraters nach Nördlingen.

Günstigste Jahreszeit
Vom Frühjahr bis in den Spätherbst.

Sehenswertes
• *Harburg:* Historische Altstadt und Schloß.
• *Nördlingen:* Altstadt mit Stadtmauer, St. Georgs-Kirche, Stadtmuseum und Rieskrater-Museum.

In **Donauwörth** fahren wir neben der Tourist-Information im Rathaus in die *Rathausgasse*. Nach wenigen Metern knickt sie nach links und wir schieben die Räder geradewegs durch das »Ochsentörl« am Pulverturm. Wir erreichen den Park an der Promenade und stoßen auf einen Teerweg, auf dem wir nach links fahren. Die Beschilderung des Radweges ***»Romantische Straße«*** führt uns geradewegs an dem Fels vorbei, auf dem die um 900 erbaute ***Burg Mangoldstein*** stand. Nach kurzer Fahrt durchqueren wir einen ehemaligen Bahntunnel und radeln danach auf schmaler Straße geradewegs weiter auf einen Dammweg. Er führt uns kurz an der Wörnitz entlang und trifft dann auf eine Teerstraße, auf der wir nach rechts fahren. Geradewegs über die Hauptstraße und auf einem Kiesweg rechts an der Wörnitz entlang.
Wir erreichen den Weiler **Felsheim** und biegen linkshaltend in die ***Konradstraße***. Wir radeln nun geradewegs nach **Wörnitzstein**, überqueren die Wörnitz und

halten uns nach der Brücke rechts. Die Straße führt uns jetzt geradewegs in das Ortszentrum von **Ebermergen**. Dort rechts über die Wörnitzbrücke und kurz danach unter der Bundesstraße durch. Wir folgen der wenig befahrenen Straße, die entlang einer Wörnitzschleife in weitem Bogen durch das Tal führt. Zwei kurze Hügel sind zu überwinden, ehe wir die Räder zum Ortsrand von ***Harburg*** hinabrollen lassen. Hier entweder unter der Bahnlinie geradewegs durch den Fußgängertunnel und zur Hauptstraße oder der Vorfahrtsstraße in Kurven durch den Ort folgen. Beide Varianten treffen vor der alten Wörnitzbrücke zusammen, über die wir zur romantischen Altstadt von **Harburg** hinüberradeln. Am Fuß des Burgberges drängt sich der Stadtkern rund um die ***Pfarrkirche*** aus dem 17. Jahrhundert und die ***Synagoge*** von 1754. Die Fachwerkbauten von ***Pfarrhof*** und ***Rathaus*** entstanden im 15. Jahrhundert.

Nach der Brücke rechts zum ***Marktplatz*** und dann geradewegs in die ***Schloßstraße***, die steil aufwärts zur Burg leitet. Sie wurde ab dem 12. Jahrhundert erbaut und kann trotz vieler späterer Umbauten und Erweiterungen an vielen Stellen noch das Bild einer mittelalterlichen ***Burg*** vermitteln. Ältester Teil ist die um 1150 erbaute Burgkapelle. Romanische Türme und Mauerabschnitte wechseln mit gotischen Gebäudeteilen, mit Renaissance-Gebäuden und barocken Ergänzungen. In der Harburg ist die Kunstsammlung der Fürsten zu Oettingen-Wallerstein untergebracht.

Kurz bevor links die Zufahrtsstraße zur Burg abzweigt, biegen wir rechts in die Burgstraße. Sie führt uns zum Radweg an der nahen B25, dem

Im Zentrum von Nördlingen findet man das spätgotische Rathaus mit der eleganten, später angefügten Renaissance-Freitreppe.

wir linkshaltend bis auf Höhe von Hoppingen folgen. Dort biegen wir links in die nach Großsorheim ausgeschilderte Straße. Durch das hügelige Gelände am Rand des Nördlinger Rieses, das vor 15 Millionen Jahren durch den Einschlag eines Meteoriten entstand, radeln wir über **Großsorheim** und **Kleinsorheim** nach **Ziswingen**.

Hier halten wir uns kurz rechts und biegen dann links in Richtung **Merzingen**. Wir durchradeln das Dorf auf der Hauptstraße und erreichen **Balgheim**. Geradewegs fahren wir durch den Ort. Eine wenig befahrene Straße führt uns durch die Äcker, bis wir kurz vor Reimlingen geradewegs auf die Vorfahrtsstraße überwechseln. Wir radeln auf der Hauptstraße durch **Reimlingen** und wechseln danach auf den Radweg, der uns bald am Krankenhaus vorbei geradewegs nach Nördlingen führt. Auf der ***Oskar-Mayer-Straße*** bis zu einer Ampel. Hier links auf der ***Augsburger Straße*** zum nahen Reimlinger Tor, durch das wir in die Altstadt von **Nördlingen** fahren. Die Stadt bietet, umschlossen von einem vollständig erhaltenen Mauerring aus dem 14. Jahrhundert, eine der am besten erhaltenen Altstädte in Deutschland. Nördlingen wurde im 13. Jahrhundert freie Reichsstadt und wuchs zu einer bedeutenden Handels- und Messestadt. Nach Jahrhunderten des Wohlstands begann mit dem Dreißigjährigen Krieg der schnelle Niedergang, und erst Mitte des 20. Jahrhunderts erreichte die Stadt wieder ihre mittelalterliche Einwohnerzahl. Das Zentrum der Altstadt bildet die reich ausgestattete spätgotische ***Hallenkirche St. Georg***. Von ihrem 90 Meter hohen Turm, genannt ***Daniel***, genießt man einen einzigartigen Rundblick über Stadt und Land. Von den Bauwerken der ***Altstadt*** verdienen das spätgotische ***Rathaus*** mit Renaissance-Freitreppe, das gotische ***Tanzhaus***, die Hallengebäude am ***Weinmarkt*** aus dem 16. Jahrhundert und die ***Salvatorkirche*** mit spätgotischem Hochaltar besondere Beachtung. Das ***Klösterle***, eine ehemalige Ordenskirche, wurde im 16. Jahrhundert zu einem Kornspeicher umgebaut. Im ehemaligen ***Heilig-Geist-Spital*** aus dem 16. Jahrhundert ist heute das Stadtmuseum mit vor-, früh- und stadtgeschichtlichen Exponaten untergebracht. Sehenswert ist außerdem das ***Rieskrater-Museum*** mit einer Ausstellung zur Entstehungsgeschichte des Nördlinger Ries. Auf der ***Stadtmauer*** mit 15 Wehrtürmen kann man um die Altstadt wandern.

Radverleih
In Donauwörth und Nördlingen.

Radreparatur
• *Nördlingen:* Radsport Böckle, Reimlinger Str. 19, Tel. (0 90 81) 80 10 40.

Übernachtungen unterwegs
• *Harburg:* Gasthof zum Straußen, Marktplatz 2, Tel. (0 90 80) 13 98 oder 43 24.
• *Reimlingen:* Gasthaus zum Löwen, Schmählinger Str. 1, Tel. (0 90 81) 33 33. • *Nördlingen:* Größere Anzahl von Hotels und Gaststätten.

Preiswerte Unterkunft
• *Nördlingen:* Jugendherberge, Kaiserwiese 1, Tel. (0 90 81) 8 41 09.

Einkehrmöglichkeiten
In Wörnitzstein, Ebermergen, Harburg, Balgheim, Reimlingen und Nördlingen.

Auskunft
• 86655 Harburg: Stadt Harburg, Schloßstr. 1, Tel. (0 90 80) 9 69 90.
• 86756 Reimlingen: Gemeindeverwaltung, Raiffeisenstr. 4, Tel. (0 90 81) 33 22.
• 86720 Nördlingen: Verkehrsamt, Marktplatz 2, Tel. (0 90 81) 43 80 oder 8 41 16.

Landkarten
ADFC-Radtourenkarte 1:150000, Blatt 22 »Fränkische Alb – Altmühl«.

11 Von Nördlingen nach Treuchtlingen im Altmühltal

Nördlingen – Alerheim – Wemding – Wolferstadt – Möhren – Treuchtlingen

Ausgangsort
Nördlingen liegt im gleichnamigen Ries an der »Romantischen Straße«. Bahnanschluß.

Zielpunkt
Treuchtlingen im Tal der Altmühl. Rückkehrmöglichkeit zum Donauradweg durch Bahnverbindungen nach Donauwörth oder Ingolstadt.

Gesamttourenlänge
41 km.

Zeitbedarf
4 Stunden Fahrzeit.

Etappen
Nördlingen – Wemding: 20 km;
Wemding – Wolferstadt: 7 km;
Wolferstadt – Treuchtlingen: 14 km.

Steigungen
Mehrere Anstiege zwischen Wemding und Möhren.

Geländestruktur
Zwischen Nördlingen und Wemding durch die weiten Ebenen des Nördlinger Rieses, dann über das einsame Hügelland in das Altmühltal.

Günstigste Jahreszeit
Vom Frühjahr bis in den Spätherbst.

Sehenswertes
• *Wemding:* Altstadt mit Marktplatz, Rathaus und Stadtbefestigung, Wallfahrtskirche »Maria Brünnlein«. • *Treuchtlingen:* Stadtschloß mit Museum, Obere Veste, römischer Gutshof am Nagelberg und im nördlich gelegenen Ort Graben der Fossa Carolina.

Wir beginnen die Tour am Ostrand der Altstadt von **Nördlingen**. Vom *Deiniger Tor* fahren wir durch die *Wemdinger Straße* zur großen Kreuzung nördlich des Bahnhofs. Hier geradeaus in die Bahnunterführung und nach etwa 300 Metern von der Hauptstraße rechts ab in die ***Kerschensteiner Straße***. Nach kurzer Fahrt biegen wir links in die erste Seitenstraße, die bald geradewegs in ein ruhiges Wirtschaftssträßchen übergeht. Auf ihm immer geradeaus, bis wir kurz nach der Egerbrücke am südlichen Ortsrand von **Deiningen** auf eine Vorfahrtsstraße stoßen.

Wir radeln kurz rechts bis zum Ortsende-Schild und biegen links auf ein Wirtschaftssträßchen, das uns zu einer Teerstraße führt. Wir halten uns rechts und folgen der Straße, die uns in weitem Bogen nach **Alerheim** führt. Wir radeln auf der Hauptstraße durch das Dorf und überqueren die Staatsstraße. Jetzt auf der Verbindungsstraße über die Wörnitz nach **Rudelstetten**. Vor dem Ortszentrum halten wir uns rechts und fahren geradewegs über **Wildbad** bis zum Ortsrand von Wemding.

Dort überqueren wir geradewegs die Hauptstraße und biegen nach kurzer Fahrt links in die ***Bürgermeister-Epple-Straße***, auf der wir zum Rand der Altstadt gelangen. Wir radeln auf der Hauptstraße kurz nach rechts hinauf und dann links durch das Tor in die Altstadt. An der Kreuzung rechts in die ***Langgasse*** und dann auf der ***Wolfgangstraße*** hinab zum malerischen ***Marktplatz*** von **Wemding**, der vom 1552 erbauten ***Rathaus*** und weiteren Bürgerhäusern im Stil von Renaissance und Barock umstellt wird. Von der im 14. Jahrhundert erbauten Stadtmauer blieben einige Türme, Tore und längere Mauerabschnitte erhalten. Die gotische ***Stadtkirche St. Emmeram*** ist zum Teil barock umgestaltet. Im Inneren findet man neben gotischen Fresken und Grabmählern eine Barock-Kanzel und barocke Altäre. Vor den Toren der Stadt

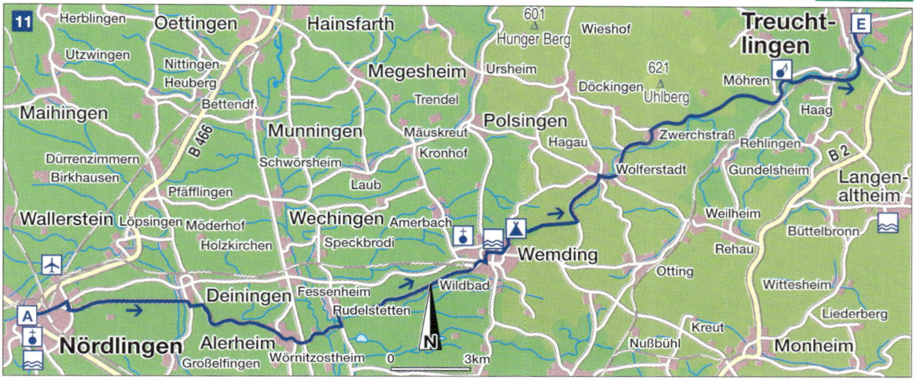

In der Altstadt von Nördlingen liegt dieser Platz, auf den barocke Bürgerhäuser und das spätgotische Rathaus schauen.

Aus 80 Metern Höhe blickt man von dem »Daniel« genannten Turm der Kirche St. Georg auf Nördlingen und das durch einen Meteoriteneinschlag entstandene Nördlinger Ries.

liegt die barocke Wallfahrtskirche ***Maria Brünnlein***, die mit herrlichem Rokoko-Stuck und farbenfrohen Fresken ausgestattet ist.
Am ***Marktplatz*** fahren wir rechts Richtung Monheim und radeln durch das Tor aus der Altstadt (ab hier Radwegweiser ***Quellenweg*** nach Treuchtlingen). Wir überqueren die Hauptstraße und biegen nach kurzer Fahrt links in die ***Wolferstädter Straße***. Aufwärts am Abzweig zum Badesee und Campingplatz vorbei und kurz darauf rechts in eine Nebenstraße, die uns um den Campingplatz herumführt. Nun geradeaus, an einer Weggabelung leicht rechts haltend, durch den Talgrund aufwärts. Die Sandstraße biegt vor einem Hof nach links und leitet zu einer Teerstraße hinauf. Auf ihr links nach **Wolferstadt** und steil durch den Ort abwärts zu einer Vorfahrtsstraße. Auf ihr links und dann rechts in Richtung Weilheim.
Am Ortsende biegen wir links in die nach Zwerchstraß ausgeschilderte Straße. Wir radeln nach **Zwerchstraß** hinauf und dann durch das teils bewaldete Hügelland im Auf und Ab, bis wir kurz vor Möhren die Bahnlinie überqueren. Dort an der Kreuzung nach links und im Tal auf der Hauptstraße links nach **Möhren** hinein.
Im Ort radeln wir rechts über den Möhrenbach, neben dem uns eine Sandstraße talaus bringt. Wir queren eine Bahnlinie und fahren am Rand des Altmühltales geradewegs über die Hauptstraße. Eine zweite Bahnlinie wird unterquert, und danach halten wir uns an der Wegkreuzung links. Wir treffen auf den Querweg, auf dem der ***Altmühltalradweg*** verläuft. Wir biegen links ein und halten uns an der nächsten Weggabelung rechts. Jetzt auf der ***Kanalstraße*** in das nahe **Treuchtlingen**. Auf der ***Jahnstraße*** radeln wir kurz nach rechts und erreichen dann links über das Gäßchen »***Am Schulhof***« die Kirche im Ortszentrum. Links an der Kirche vorbei zum ***Marktplatz*** und auf der Hauptstraße nach rechts. Links geht es nun in die ***Heinrich-Aurnhammer-Straße*** und auf ihr geradewegs zum Schloß mit dem Informationsbüro. Der Ort wuchs unterhalb der mittelalterlichen Burg, deren Reste auf die Häuser herabschauen. Die barocke ***Pfarrkirche*** entstand 1733 und beherbergt das Grab des Reichsmarschalls von Pappenheim, der ab 1575 das ***Stadtschloß*** erbauen ließ. Nördlich von Treuchtlingen versuchte 793 Karl der Große einen Kanal anlegen zu lassen. Er sollte eine schiffbare Verbindung zwischen Donau und Main herstellen. Die Reste der »Fossa Carolina« sind unweit des Dörfchens Graben zu sehen.

Radverleih
In Nördlingen, Wemding und Treuchtlingen.

Radreparatur
• *Wemding:* Fa. Mayer, Bahnhofstr. 19, Tel. (0 90 92) 89 06. • *Treuchtlingen:* Fa. Liebhardt, Nürnberger Str. 16; Tel. (0 91 42) 35 96; Zweirad Elbert, Industriestr. 2, Tel. (0 91 42) 66 55.

Übernachtungen unterwegs
• *Wemding:* Größere Auswahl an Hotels, Gasthöfen und Pensionen. • *Treuchtlingen:* Größere Auswahl an Hotels, Gasthöfen und Pensionen.

Preiswerte Unterkunft
• *Treuchtlingen:* Naturfreundehaus, Grüntäleinstr. 70, Tel. (0 91 42) 44 94.

Einkehrmöglichkeiten
In Deiningen, Alerheim, Wörnitzostheim, Wemding, Wolferstadt, Möhren und Treuchtlingen.

Auskunft
• 86650 Wemding: Verkehrsamt, Haus des Gastes, Tel. (0 90 92) 96 90 35 oder 82 22.
• 91757 Treuchtlingen: Verkehrsamt, Heinrich-Aurnhammer-Str. 3, Tel. (0 91 42) 31 21.

Landkarten
ADFC-Radtourenkarte 1:150 000, Blatt 22 »Fränkische Alb – Altmühl«.

12

12 Von Treuchtlingen nach Eichstätt

Treuchtlingen – Pappenheim – Solnhofen – Dollnstein – Eichstätt

Ausgangsort
Die Schloß im Ortszentrum von Treuchtlingen. Treuchtlingen liegt südlich von Weißenburg im Tal der Altmühl. Bahnanschluß.

Zielpunkt
Das Stadtzentrum von Eichstätt. Rückkehrmöglichkeit von Eichstätt-Wasserzell nach Treuchtlingen mit der Bahn.

Gesamttourenlänge
39 km.

Zeitbedarf
3,5 Stunden Fahrzeit.

Etappen
Treuchtlingen – Pappenheim: 6 km; Pappenheim – Solnhofen: 7 km; Solnhofen – Dollnstein: 12 km; Dollnstein – Eichstätt: 14 km.

Steigungen
Keine nennenswerten Anstiege.

Geländestruktur
Durch das enge Tal der Altmühl.

Günstigste Jahreszeit
Vom Frühjahr bis in den Spätherbst.

Sehenswertes
• *Pappenheim:* Burg, Altstadt mit Neuem und Altem Schloß, Pfarrkirche und St. Gallus-Kirche. • *Solnhofen:* Bürgermeister-Müller-Museum und Sola-Basilika. • *Altendorf:* Wallfahrtskirche »Mariä End«. • *Dollnstein:* Historischer Ortskern mit Wehrmauern und Pfarrkirche. • *Rebdorf:* Kloster. • *Eichstätt:* Historischer Stadtkern mit Dom, barockem Residenzplatz, Klöstern, Museen und die Willibaldsburg.

Abstecher
Von Altendorf in das Gailachtal mit den idyllischen Orten Mörnsheim (Burgruine Staffelberg) und Mühlheim (Kirche St. Cyriakus, Karstquelle der Gailach).

Im Ortsgebiet von **Treuchtlingen** folgen wir dem Weg vom Vortag. Vom Schloß geradewegs zur Hauptstraße, auf ihr nach rechts und dann links in die ***Kirchenstraße***. An der Kirche vorbei in die Gasse »***Am Schulhof***«, auf der ***Jahnstraße*** nach rechts und dann links auf der ***Kanalstraße*** aus dem Ort. Vor dem Bahndamm schwenken wir links auf den Radweg ein, der uns geradewegs nach **Dietfurt** bringt. Dort radeln wir auf der ***Oberdorfstraße*** unter der B2 hindurch, der wir für wenige Meter folgen, ehe wir rechts in die ***Schneckenhoferstraße*** einbiegen. Am rechten Ufer der Altmühl radeln wir zum Ortsrand von Pappenheim. Hier biegen wir rechts auf die ***Wehrwiesenstraße*** ein und nach kurzer Fahrt rechts in das Sträßchen, das zum Campingplatz führt. Wir überqueren die Altmühl und radeln linkshaltend zur Altstadt von **Pappenheim**. Nach einem zweiten Brückchen treffen wir auf die ***Klosterstraße***. Rechts führt sie, vorbei an der gotischen Kirche des ehemaligen Augustinerklosters zur ***Burg*** hinauf. Der Kern der Hauptburg mit dem Bergfried entstand im 12. Jahrhundert, die Gebäude der Vorburg im 14. und 15. Jahrhundert. Heute ist auf der Burg eine eintrittspflichtige Greifvogelschau untergebracht.
Wir folgen der Gasse nach links und biegen dann rechts auf die Hauptstraße ein, die uns unterhalb des Schloßberges durch

den Ort führt. Das in einer Flußschleife gelegene Städtchen wurde im 14. Jahrhundert mit einer rechteckigen Mauer umgürtet. In der Stadt findet man den Renaissance-Bau des ***Alten Schlosses***, die gotisch-barocke ***Pfarrkirche*** und das klassizistische ***Neue Schloß***. Am linken Altmühlufer liegt der Rest einer karolingischen Abtei, die ***St.- Gallus-Kirche***. Das Kirchenschiff entstand im 9. Jahrhundert und der Turm im Jahre 1060. Flügelaltar und Sakramentsnische sind spätgotisch. Die Hauptstraße knickt am südlichen Ortsrand nach rechts um, und wir fahren hier geradewegs in die ***Schützenstraße***. Nach 200 Metern rechts in den ***Bahnweg***, der in eine Radwegallee übergeht. An ihrem Ende unter der Hauptstraße hindurch und rechts hinauf zur Straße, die überquert wird. Wir radeln am Bahnhof vorbei und finden nach wenigen Metern links einen Radweg, der am Ufer der Altmühl entlang führt. Bei **Zimmern** überqueren wir den Fluß und radeln auf Sandstraßen bis nach **Solnhofen**. Im 8. Jahrhundert gründete hier der angelsächsische Mönch Sola ein Kloster. Erhalten blieben Reste der sogenannten ***Sola-Basilika*** aus dem frühen 9. Jahrhundert mit den Spuren karolingischer Fresken. Wir lassen auf der Vorfahrtsstraße die Räder rechts zum Fluß hinabrollen. Hinter der Brücke und den Bahngleisen biegen wir links in die ***Bahnhofstraße***. Dort findet man das Bürgermeister-Müller-Museum, in dem neben anderen Versteinerungen auch der Abdruck des berühmten Urvogels Archäopteryx zu bestaunen ist.
Der Radweg bleibt bis **Altendorf** rechts der Altmühl. In Altendorf radeln wir links über die Gailach-Brücke zur Hauptstraße und auf ihr links über die Altmühl. Nach 50 Metern biegen wir rechts in ein Sträßchen und halten uns nach etwa 500 Metern an der Weggabelung rechts. Wir radeln nahe der Altmühl nach **Hagenacker**. Nach dem Weiler biegen wir kurz nach der Bahnlinie links in einen Wirtschaftsweg und fahren durch das von Felsen überragte Tal nach **Dollnstein**. Der hübsche Ort ist fast vollständig von einem Mauerring umgeben. Der gotische Chor der ***Pfarrkirche***, in der feine spätgotische Schnitzwerke zu finden sind, ist mit gotischen Fresken ausgemalt. Rechts in den Ort, linkshaltend auf dem ***Nixenweg*** zur

Auf einem Bergsporn über der Altmühl wurde im 12. Jahrhundert die Burg von Pappenheim erbaut.

Durch das 1491 erbaute Nordtor verlassen wir das fast vollständig von einer Stadtmauer umgebene Dollnstein.

Papst-Viktor-Straße und auf ihr links zum 1491 erbauten ***Nordtor***.
Hinter dem Tor biegen wir rechts in den ***Burgsteinweg*** und radeln am markanten Burgsteinfelsen vorbei an der Altmühl entlang. An der **Attenbrunnmühle** überqueren wir den Fluß, um bei nächster Gelegenheit wieder auf das links Ufer zu wechseln. In **Obereichstätt** biegen wir rechtshaltend in die ***Obere Dorfstraße***, radeln geradewegs bis kurz vor das Ortsende und biegen rechts in die ***Eichstätter Straße***. Unter der Hauptstraße hindurch und auf einem Radweg am Fluß entlang. Nördlich von **Wasserzell** treffen wir auf eine Straße, auf der wir links zur Hauptstraße fahren. An ihr entlang führt uns der Radweg in das nahe **Rebdorf**. Die Gebäude des im 12. Jahrhunderts gestifteten Augustinerklosters sind barock. Die Kirche mit gotischem Chor wurde barock ausgestattet. Kurz vor dem Kloster radeln wir rechts zu einem Kanal hinab, den wir überqueren. Am Ende des Sportplatzes links über ein Steinbrückchen und gleich wieder rechts in die Straße »***Weiheracker***«. Bald nimmt uns rechts ein Radweg auf, der an der Altmühl entlangführt. Unterhalb der Willibaldsburg, die ab dem Jahre 1360 von den Eichstätter Bischöfen errichtet wurde und in den folgenden Jahrhunderten mehrmals umgebaut und erweitert wurde, bringt uns eine schmale Brücke auf das rechte Altmühlufer.
Nun geradeaus, bis wir unter der B13 hindurchfahren. Wir radeln linkshaltend zum Wehr und dann am rechten Ufer der Altmühl entlang bis zum ***Herzogsteg*** am Rand der Altstadt von **Eichstätt**. Links über den Steg in die ***Herzoggasse*** und dann rechts in die ***Pfahlstraße***. Geradeaus geht es zum weiten ***Residenzplatz*** mit der barocken Mariensäule, der von barocken Prunkbauten eingefaßt wird. Auch im übrigen Stadtgebiet bestimmen

barocke Gebäude das Bild, die nach dem großen Stadtbrand im Jahre 1634 entstanden. Die Geschichte Eichstätts, das im Laufe der Jahrhunderte zu einer der bedeutendsten kirchlichen Residenzstädte Bayerns wuchs, begann mit der Gründung des Bistums im Jahre 741. Keimzelle ist der seit dem 8. Jahrhundert errichtete ***Dom***, um den sich die Stadt entwickelte. Die Mauern des heutigen Doms, dessen älteste Bauteile in das Jahr 980 zurückreichen, entstanden in verschiedenen Bauabschnitten zwischen dem 11. und 15. Jahrhundert. 1716 schließlich wurde die barocke Fassade errichtet. Der Dom besticht durch seine hervorragende Ausstattung, zu der neben dem berühmten spätgotischen Pappenheimer Altar und der um 1300 geschaffenen Siboto-Madonna weitere hervorragende Bildwerke und Altäre aus Gotik, Renaissance und Rokoko zählen. Angefügt an den Dom ist der feine gotische Kreuzgang und das Moratorium mit farbenfrohen Glasfenstern von Hans Holbein d. Ä.. In Eichstätt verdienen eine Anzahl weiterer Kirchen einen Besuch. Die beherrschende ***Klosterkirche St. Walburga*** wurde Mitte des 17. Jahrhunderts erbaut und ist mit reichem Stuck geschmückt. Die 1661 vollendete ***Schutzengelkirche*** besitzt bemerkenswerte Barock-Altäre und die barocke Kapuzinerklosterkirche bewahrt ein romanisches, im 12. Jahrhundert erbautes Heiliges Grab.

Neben vielen weiteren Kirchen besitzt Eichstätt auch eine Anzahl bemerkenswerter Profanbauten wie die großzügig ausgestattete ***Fürstbischöfliche Residenz***, die im 18. Jahrhundert erbaut wurde, und die ehemalige Sommerresidenz. Von den Museen seien das ***Diözesanmuseum*** am Residenzplatz und das Museum Berger mit Versteinerungen aus dem fränkischen Jura erwähnt.

Radverleih
Pappenheim, Dollnstein und Eichstätt.

Radreparatur
• *Pappenheim:* Zweirad Schleussinger, Bahnhofstr. 7, Tel. (0 91 43) 2 47. • *Dollnstein:* Otto Rehm, Papst-Viktor-Str. 6, Tel. (0 84 22)2 78; FAMZ GmbH, Wellheimer Str. 27, Tel. (0 84 22) 12 11. • *Eichstätt:* Zweirad Suttner, Westenstr. 15, Tel. (0 84 21) 18 99.

Übernachtungen unterwegs
• *Dietfurt:* Enten-Stuben, Unterdorf 2, Tel. (0 91 42) 67 07. • *Pappenheim:* Hotel Krone Seeberger, Marktplatz 6, Tel. (0 91 43) 2 73; Pension Hirschen, Marktplatz 4, Tel. (0 91 43) 4 34. • *Solnhofen:*Gasthof Adler, Pappenheimer Str. 5, Tel. (0 91 45) 8 31 10; Gasthof Senefelder Hof, Senefelder Str. 15, Tel. (0 91 45) 12 25. • *Dollnstein:* Mehrere Gasthöfe; Breitenfurt: Gästehaus Elke, Keltenstr. 20, Tel. (0 84 22) 5 70. • *Obereichstätt:* Gasthof zur Hüttenschenke, Allee 15, Tel. (0 84 21) 9 79 70. • *Eichstätt-Wasserzell:* Landgasthof zum Müllerwirt, Hauptstr. 10, Tel. (0 84 21) 79 89; Gasthof zum Hirschen, Brückenstr. 9, Tel. (0 84 21) 40 07. • *Eichstätt:* Größere Auswahl an Hotels und Gasthöfen.

Preiswerte Unterkunft
• *Eichstätt:* Jugendherberge, Reichenaustr. 15, Tel. (0 84 21) 9 80 40.

Camping
• *Pappenheim:* Naturcamping, Tel. (0 91 43) 12 75 oder 64 55. • *Dollnstein:* Campingplatz, Brückenstr. 11a, Tel. (0 84 22) 2 78.

Einkehrmöglichkeiten
In Dietfurt, Pappenheim, Solnhofen, Dollnstein, Breitenfurt, Obereichstätt, Eichstätt-Wasserzell und Eichstätt.

Auskunft
• 91788 Pappenheim: Fremdenverkehrsbüro, Kirchengasse 1, Tel. (0 91 43) 62 66 oder 60 60. • 91807 Solnhofen: Verkehrsamt, Bahnhofstr. 8, Tel. (0 91 45) 67 77. • 91795 Dollnstein: Verkehrsverein, Papst-Viktor-Str. 35, Tel. (0 84 22) 15 02. • 85072 Eichstätt: Städtisches Fremdenverkehrsamt, Kardinal-Preysing-Platz 14, Tel. (0 84 21) 79 77; Informationszentrum Naturpark Altmühltal, Notre Dame 1, Tel. (0 84 21) 67 33.

Landkarten
ADFC-Radtourenkarte 1:150 000, Blatt 22 »Fränkische Alb – Altmühl«.

13 Von Eichstätt nach Beilngries

Eichstätt – Pfünz – Walting – Kipfenberg – Kinding – Beilngries

Ausgangsort
Der Residenzplatz in Eichstätt. Eichstätt liegt im Tal der Altmühl an der B13. Bahnanschluß.

Zielpunkt
Das Ortszentrum von Beilngries.

Gesamttourenlänge
43 km.

Zeitbedarf
4 Stunden Fahrzeit.

Etappen
Eichstätt – Walting: 12 km;
Walting – Kipfenberg: 13 km;
Kipfenberg – Kinding: 6 km;
Kinding – Beilngries: 12 km.

Steigungen
Nur wenige kurze und sanfte Anstiege

Geländestruktur
Durchgehend im gewundenen Tal der Altmühl, durch das einst die Urdonau floß.

Günstigste Jahreszeit
Vom Frühjahr bis in den Spätherbst.

Sehenswertes
• *Pfünz:* Römerkastell Vetoniana. • *Walting:* Pfarrkirche. • *Risenhofen:* Wasserburg. • *Pfalzpaint:* Kirche und ehemalige Burg. • *Gungolding:* Naturschutzgebiet mit Wacholderheide. • *Arnsberg:* Schloß und Naturschutzgebiet »Arnsberger Leite«. • *Böhming:* Reste eines römischen Kastells. • *Kipfenberg:* Historischer Ortskern mit Heimatmuseum und Fastnachtsmuseum und Burg. • *Kinding:* Wehrkirche. • *Beilngries:* Altstadt mit Wehrmauer, Marktplatz und Pfarrkirche, Schloß Hirschberg.

Abstecher
Ein kurzer, aber steiler Abstecher führt zum Römerkastell über Pfünz; weitere kurze Abstecher zur Wasserburg in Riesenhofen, nach Arnsberg und Kipfenberg.

In **Eichstätt** fahren wir in östlicher Richtung über den ***Residenzplatz*** und biegen an seinem Ende rechts in eine Seitenstraße, die in einen Radweg übergeht. Vorbei am Hofgarten folgen wir dem Lauf der Altmühl, bis uns eine Holzbrücke zum rechten Ufer bringt. Dort halten wir uns links und radeln bis zum Waldrand. Wir biegen links in einen Weg, der uns nahe der Altmühl nach **Pfünz** leitet. Über dem Ort liegt auf der Hochebene ein teils wiederaufgebautes ***Römerkastell***, zu dem eine schmale Straße steil hinaufführt. Geradeaus durch den Ort, bis links an einem Parkplatz ein Radweg beginnt. Nun überqueren wir die Altmühl und halten uns dann rechts. Wir radeln geradewegs durch **Inchig** nach **Walting**. An der Kreuzung vor der Kirche biegen wir nach rechts, überqueren die Altmühl und fahren auf dem Radweg nach links. Der Weg führt uns durch das Bauernland und bietet bald die Möglichkeit für einen kurzen Abstecher über den Fluß nach **Riesenhofen**. Hier findet man neben dem Fluß die malerischen Reste einer um 1200 erbauten ***Wasserburg***.
Rechts des Flusses radeln wir bis an den Ortsrand von **Pfalzpaint**. Wir fahren linkshaltend in das Dorf, biegen neben der Kirche nach links und überqueren die

In Beilngries führen schmale Gassen an der mittelalterlichen, von malerischen Wehrtürmen überragten Stadtmauer entlang.

Altmühl. Hinter der Brücke nach rechts und nach kurzer Fahrt erneut rechts zum Flußufer und geradeaus nach **Gungolding**. Über die Kreuzung nahe der Altmühlbrücke radeln wir in die *Turmstraße* und halten uns an der folgenden Weggabelung rechts. Wir fahren bis zum Sportplatz von **Arnsberg**, über dem das *Schloß* und die Ruine der *romanischen Burg* aufragen. Wir biegen kurz nach links und dann wieder nach rechts. Jetzt am linken Talhang über **Regelmannsbrunn** geradewegs in Richtung Böhming. Wir radeln rechtshaltend zur Altmühlbrücke, über die man einen Abstecher nach **Böhming** machen kann. Rund um das westlich des Dorfes malerisch in den Wiesen liegende gotische Kirchlein zeichnen sich die Wälle eines *römischen Kastells* ab.

Der *Altmühltalradweg* bleibt links des Flusses und leitet uns, am Sportgelände vorbei, nach **Kipfenberg**. Rechts führt ein Abstecher in den im Mittelalter ummauerten Marktort, über dem sich die vom 12. bis zum 15. Jahrhundert erbaute *Burg* erhebt. Wir bleiben links der Altmühl und radeln geradewegs zu einer Vorfahrtsstraße, auf ihr kurz nach rechts und dann links in die *Gundekarstraße*. Rechtshaltend nimmt uns ein Radweg auf, der uns nach **Grösdorf** führt. An dieser Stelle radeln wir geradewegs über **Ibling** bis an den Ortsrand von Kinding. Nach der Autobahnunterführung auf der Hauptstraße nach rechts und geradewegs über die Kreuzung in den Ort. Nach der Brücke über die Schwarzach biegen wir rechts in einen Radweg, der uns unterhalb der Wehrkirche zum Ortszentrum von **Kin-**

Im 14. Jahrhundert wurde das Gotteshaus in Kinding mit Wehrtürmen und Mauern zu einer Kirchenburg ausgebaut.

ding bringt. Unbedingt sehenswert ist die im 14. Jahrhundert um das ältere Gotteshaus erbaute ***Kirchenburg***, deren perfekt renovierte Wehrmauern und Türme den Ort beherrschen.
Wir radeln unterhalb der Kirche kurz auf der Hauptstraße geradeaus und biegen dann links auf den kleinen ***Marktplatz*** ab. Die ***Beilngrieser Straße*** schwenkt nach rechts und führt uns an den Ortsrand. Links setzt der Radweg an, der auf der alten Staatsstraße im Auf und Ab durch den Talhang führt. Er leitet uns hinab zur neuen Straße, wo wir zwischen zwei Varianten wählen können. Entweder wir überqueren hier die Hauptstraße und folgen dem Radweg nach links, der zwischen Straße und Altmühl bis zur Zufahrtsstraße zur Kratzmühle führt; oder wir fahren geradeaus weiter bis **Pfraundorf**, halten uns dort rechts und radeln über die Hauptstraße und über die Altmühl zur **Kratzmühle**.
Dort biegen wir etwa 50 Meter nach der Brücke links in ein schmales Sträßchen, das uns rechts der Altmühl nach **Kirchanhausen** führt. Links über die Altmühl und nach dem Sportgelände rechts in einen Wirtschaftsweg. Vorbei am Sportplatz radeln wir geradewegs nach Beilngries hinein, bis wir auf die ***»Alte Ingolstädter Straße«*** stoßen. Auf ihr links in das Stadtzentrum von **Beilngries**. Die ***Stadtmauer*** aus dem 15. Jahrhundert mit 9 Wehrtürmen ist weitgehend erhalten geblieben. Sie umgibt die gut erhaltene Altstadt mit ihren bunten Bürgerhäusern, der barocken ***Frauenkirche*** und dem 1763 erbauten ***Franziskanerkloster***. Drei Kilometer nördwestlich der Stadt erhebt sich auf einem Bergsporn ***Schloß Hirschberg***, die ehemalige Sommerresidenz der Eichstätter Fürstbischöfe. Vorbei an zwei gotischen Tortürmen erreicht man das aufwendig ausgestattete Rokoko-Schloß.

Radverleih
In Pfalzpaint, Kinding und Beilngries.

Radreparatur
• *Pfalzpaint:* Zweirad Schermer, Altmühlstr. 5, Tel. (0 84 26) 2 82. • *Beilngries:* Zweirad Huber, Ingolstädter Str. 23, Tel. (0 84 61) 17 61).

Übernachtungen unterwegs
• *Pfünz:* Gasthof Sichert, Eichstätter Str. 11, Tel. (0 84 26) 2 31. • *Inching:* Landgasthof Gut Moierhof, Leonhardistr. 11, Tel. (0 84 26) 4 16; Landgasthof zur Mühle, Pfünzer Str. 5, Tel. (0 84 26) 2 21. • *Walting:* Gasthof Fischerwirt, Martinstr. 5, Tel. (0 84 26) 2 49. • *Rieshofen:* Gasthof Johann Bauer, Dorfstr. 5, Tel. (0 84 26) 2 66. • *Arnsberg:* Landgasthof zum Raben, Schloßleite 1, Tel. (0 84 65) 9 40 40. • *Böhming:* Gasthof Römer-Castell, Wirtsstr. 9, Tel. (0 84 65) 2 78. • *Kipfenberg:* Mehrere Gasthöfe und Pensionen. • *Kinding:* Gasthof Krone, Marktplatz 14, Tel. (0 84 67) 2 68; Pension Biedermann, Kipfenberger Str. 10, Tel. (0 84 67) 2 82. • *Unteremmendorf:* Gasthof Zimmermann, Unteremmendorf 5, Tel. (0 84 67) 2 79. • *Kirchanhausen:* Gasthaus Altmühlblick, Kirchanhausen 7, Tel. (0 84 61) 4 84. • *Beilngries:* Mehrere Hotels und Gasthöfe.

Camping
• *Kipfenberg:* Azur Camping Altmühltal, Am Festplatz 3, Tel (0 84 65) 5 88. • *Kratzmühle* (zwischen Kinding und Beilngries): Campingplatz Kratzmühle, Tel. (0 84 61) 5 25. • *Beilngries:* Campingplatz an der Altmühl, Tel. (0 84 61) 84 06.

Einkehrmöglichkeiten
In Pfünz, Inching, Walting, Rieshofen, Pfalzpaint, Arnsberg, Böhming, Kipfenberg, Kinding, Unteremmendorf, Pfraundorf, Kirchanhausen, Beilngries.

Auskunft
• 85110 Kipfenberg: Tourist-Information, Marktplatz 2, Tel. (0 84 65) 1 74 30 31 oder 17 43 03 18 82. • 85125 Kinding: Verkehrsamt, Kipfenberger Str. 4, Tel. (0 84 67) 5 87. • 92339 Beilngries: Touristik-Verband, Hauptstr. 14, Tel. (0 84 61) 84 35.

Landkarten
ADFC-Radtourenkarte 1:150 000, Blatt 22 »Fränkische Alb – Altmühl«.

14 Von Beilngries nach Kelheim

Beilngries – Dietfurt – Riedenburg – Essing – Kelheim

Ausgangsort
Die Altstadt von Beilngries. Beilngries liegt im Tal der Altmühl nordöstlich der Ausfahrt Kinding von der A9.

Zielpunkt
Das Stadtzentrum von Kelheim.

Gesamttourenlänge
43 km.

Zeitbedarf
4 Stunden Fahrzeit.

Etappen
Beilngries – Dietfurt: 11 km;
Dietfurt – Riedenburg: 18 km;
Riedenburg – Essing: 9 km;
Essing – Kelheim: 5 km.

Steigungen
Keine nennenswerten Steigungen.

Geländestruktur
Durch das von Felstürmen und Burgen überragte Tal der Altmühl.

Günstigste Jahreszeit
Vom Frühjahr bis in den Spätherbst.

Sehenswertes
• *Kottingwörth:* Pfarrkirche. • *Dietfurt:* Historischer Ortskern mit Marktplatz, Rathaus, Kirchen und Franziskanerkloster. • *Eggersberg:* Schloß Eggersberg. • *Riedenburg:* Rosenburg mit Falknerei. • *Nußhausen:* Schloß Prunn. • *Essing:* Burgruine Randeck, Tropfsteinhöhle Schulerloch. • *Kelheim:* Altstadt mit Archäologischem Museum, Befreiungshalle, Klösterle, Donaudurchbruch mit Kloster Weltenburg.

Vom Stadtzentrum von **Beilngries** fahren wir auf der Hauptstraße, der B299, in südliche Richtung. Nach der Altmühlbrücke links über die Bundesstraße in eine Seitenstraße und nach wenigen Metern wieder rechts. Wir radeln parallel zur Hauptstraße, bis wir links in die *Flugplatzstraße* einbiegen können. Geradewegs fahren wir bis nach **Kottingwörth** und dort links über die Altmühl. In der *Veitskapelle* ist ein vollständig erhaltener frühgotischer Freskenzyklus zu bewundern. Nach etwa 100 Metern halten wir uns an der Kreuzung rechts und folgen dem Radweg bis zum Ortsrand von **Töging**. Wir überqueren die Hauptstraße und radeln geradewegs durch das Dorf. Die Straße geht vor der Kirche in einen Radweg über, der auf einer ehemaligen Bahntrasse verläuft. Kurz vor dem Rhein-Main-Donau-Kanal schwenkt der Radweg nach rechts zur Hauptstraße, an der entlang wir nach **Dietfurt** fahren. Am Marktplatz steht das im 17. Jahrhundert erbaute *Rathaus* mit Treppengiebel, in der barocken *Pfarrkirche* besticht eine feine spätgotische Muttergottes, und zur Weißen Laaber hin sind Türme der mittelalterlichen *Stadtbefestigung* erhalten. Wir durchqueren den Ort auf der Hauptstraße. Am Ortsende nimmt uns wieder ein Radweg auf, der uns um den Wolfsberg, der mit prähistorischen Wallanlagen befestigt ist, nach **Mühlbach** führt. Am Ortsende zweigen wir rechts in den *Irrleweg* ab, folgen dem Hang des Wolfsberges und biegen vor einem Altarm der Altmühl scharf nach links. Auf der linken Seite des Kanals radeln wir nun an **Meihern**, **Oberhofen** und **Gundlfing** vorbei bis zur Schleuße Riedenburg. Hier überqueren wir die Wasserstraße. Am Ufer entlang radeln wir in das nahe **Riedenburg**, das am Fuße dreier mittelalterlicher Burgen liegt. Am besten ist Burg Rosenburg erhalten, die im 16. Jahrhundert zum Renaissance-Schloß ausgebaut wurde. Im *Schloß Rosenburg* sind eine Falknerei und ein Burgenmuseum untergebracht. Im Ort bleiben wir am rechten Kanalufer

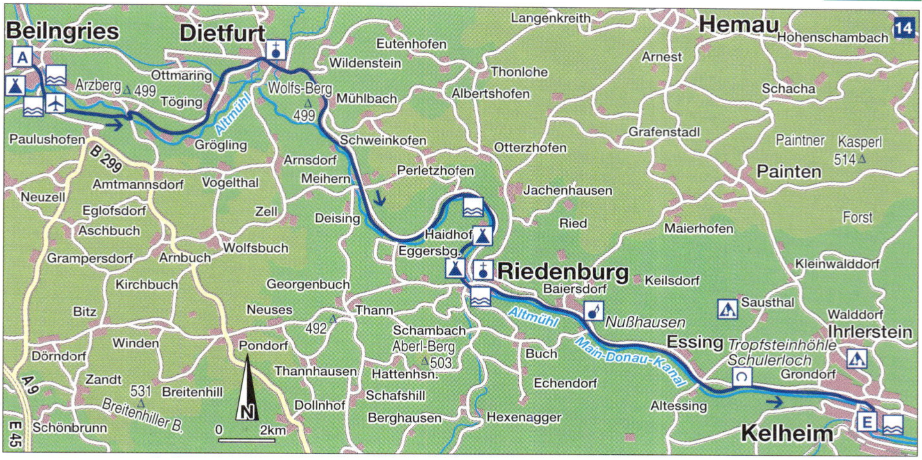

und fahren vor dem *Kristallmuseum*, in dem die größte Bergkristallgruppe der Welt zu sehen ist, zur zweiten, südlichen Brücke hinauf. Jenseits des Kanals biegen wir rechts auf einen Radweg. Nach einem Kilometer bieten sich zwei Wegalternativen. Linkshaltend erreicht man die alte Straße, die über **Prunn** und das malerische **Essing** nach Altessing führt. Geradeaus folgt der Radweg dem Kanalufer, bis in Altessing beide Wege wieder zusammenfinden. Höhepunkt auf diesem Wegabschnitt ist der Blick hinauf zum *Schloß Prunn* über Nußhausen, eine der bester-

Westlich von Riedenburg, über dem auf einem steilen Bergsporn Schloß Rosenburg aufragt, überqueren wir die breit aufgestaute Altmühl.

Eingeklemmt zwischen einem Altarm der Altmühl und steilen Felswänden, die von einer Burgruine gekrönt werden, liegt der malerische Ort Essing.

haltenen Burgen in Bayern. Die ältesten Bauteile wurden um 1200 errichtet und durch gotische Bauten ergänzt. Von **Altessing** aus folgt der Altmühl-Radweg weiterhin dem linken Kanalufer, das man am Ortsende rechtshaltend erreicht.
Will man einen Abstecher zum ***Schulerloch***, einer herrlichen Tropfsteinhöhle machen, fährt man am Ortsende geradeaus weiter. Nach der Besichtigung bleibt man links der Hauptstraße. In **Gronsdorf**, dessen kleine gotische Pfarrkirche einen schönen spätgotischen Bilderzyklus birgt, kann man wieder nach rechts zum Radweg am Kanalufer wechseln. Bis wir in Kelheim die Fußgängerbrücke nördlich der Altstadt erreichen, an der wir auf den ***Donauradweg*** treffen, folgen wir immer dem linken Ufer des Kanals. Rechts über die Brücke und durch das Tor radeln wir in die ***Altmühlstraße***, die uns in das Zentrum der Altstadt von **Kelheim** führt. Die regelmäßig angelegte ***Altstadt*** entstand um 1200 und wurde im 13. und 14. Jahrhundert mit einer quadratischen Stadtmauer umgeben. Die gotische Pfarrkirche enthält einige schöne spätgotische Figuren, und im spätgotischen ***Herzogskasten*** ist das sehenswerte Archäologische Museum untergebracht. Seit der Steinzeit war die Gegend um Kelheim besiedelt, und hier lag das wichtige keltische Oppidum Alkimoennis. Auf dem Bergsporn westlich der Stadt ließ Mitte des 19. Jahrhunderts der Bayernkönig Ludwig I. den Monumentalbau der Befreiungshalle errichten.

Radreparatur
• *Riedenburg:* Georg Götz, Schambacher Weg 20, Tel. (0 94 42) 15 32. • *Kelheim:* Thomas Jessen, Schäfflerstr. 12, Tel. (0 94 41) 50 48 50; Zweirad Sperger, Regensburger Straße, Tel. (0 94 41) 30 24.

Übernachtungen unterwegs
• *Kottingwörth:* Gästehaus Arzberghof, Arzbergweg 2, Tel. (0 84 61) 5 27; Pension Hachbarth, Im Hub 2, Tel. (0 84 61) 14 36; Pension Weber, Am Sandweg 9, Tel. (0 84 61) 89 54.
• *Töging:* Gasthof Aenderl, Beilngrieser Str. 14, Tel. (0 84 64) 6 40 10. • *Dietfurt:* Mehrere Gasthöfe und Pensionen. • *Mühlbach:* Hotel-Pension zum Wolfsberg, Riedenburger Str. 1, Tel. (0 84 64) 17 57; Gasthof Kornprobst, Riedenburger Str. 7, Tel. (0 84 64) 5 86. • *Meihern:* Mehrere Gasthöfe und Pensionen (Auskunft Riedenburg).
• *Eggersberg:* Hotel Schloß Eggersberg, Obereggersberg 1, Tel. (0 94 42) 14 98; Gasthof Pflieger, Eggersberg 16, Tel. (0 94 42) 15 60.
• *Oberhofen:* Gasthof zum Goldenen Pflug, Oberhofen 4, Tel. (0 94 42) 13 53.
• *Riedenburg:* Große Auswahl an Gasthäusern und Pensionen. • *Prunn:* Gasthof zur Krone, Hauptstr. 13, Tel. (0 94 42) 15 07.
• *Nußhausen:* Gasthof zum Schloß, Nußhausen 4, Tel. (0 94 42) 12 23; Pension Wittmann, Nußhausen 1, Tel. (0 94 42) 15 82.
• *Pillhausen:* Gasthof Kastelhof, Pillhausen 1, Tel. (0 94 47) 6 98. • *Essing:* Große Auswahl an Gasthöfen und Pensionen. • *Kelheim:* Große Auswahl an Hotels, Gasthöfen und Pensionen.

Preiswerte Unterkunft
• *Kelheim-Ihrlerstein:* Jugendherberge, Kornblumenweg 1, Tel. (0 94 41) 33 09.

Camping
• *Riedenburg:* Campingplatz Talblick, Austraße 40, Tel. (0 94 42) 4 30. • *Pillhausen* (kurz vor Essing): Campingplatz Kastelhof, Pillhausen 1, Tel. (0 94 47) 6 98. • *Kelheim:* Campingplatz Herrnsaal (an der Donau 4 Kilometer östlich Kelheim), Herrnsaaler Ring 26, Tel. (0 94 41) 96 07.

Einkehrmöglichkeiten
In Kottingswörth, Töging, Dietfurt, Mühlbach, Meihern, Eggersberg, Oberhofen, Riedenburg, Prunn, Nußhausen, Pillhausen, Essing und Kelheim.

Auskunft
• 92345 Dietfurt: Verkehrsbüro, Hauptstr. 26, Tel. (0 84 64) 17 15. • 93339 Riedenburg: Haus des Gastes, Marktplatz 1, Tel. (0 94 42) 90 50 00.
• 93343 Essing: Verkehrsbüro, Marktplatz 1, Tel. (0 94 47) 92 00 93. • 93309 Kelheim: Verkehrsamt, Ludwigsplatz 14, Tel. (0 94 41) 70 12 34.

Landkarten
ADFC-Radtourenkarte 1:150 000, Blatt 22 »Fränkische Alb – Altmühl«.

15

Kurzvariante: Vom Donauradweg über das Urdonautal bei Wellheim in das Altmühltal

(Rückweg zur Donau auf dem Altmühltalradweg, Tour 13 und 14)

15 Von Rennertshofen nach Eichstätt

Rennertshofen – Hütting – Wellheim – Dollnstein – Eichstätt

Ausgangsort
Rennertshofen liegt am Donauradweg auf halber Strecke zwischen Donauwörth und Neuburg an der Donau.

Zielpunkt
Die Altstadt von Eichstätt.

Gesamttourenlänge
38 km.

Zeitbedarf
3,5 Stunden Fahrzeit.

Etappen
Rennertshofen – Wellheim: 14 km;
Wellheim – Dollnstein: 9 km;
Dollnstein – Eichstätt: 15 km.

Steigungen
Keine nennenswerten Steigungen.

Geländestruktur
Bis Dollnstein durch das Wellheimer Trockental, durch das einstmals die Donau floß, dann durch das Tal der Altmühl.

Günstigste Jahreszeit
Vom Frühjahr bis in den Spätherbst.

Sehenswertes
• *Mauern:* Weinberghöhlen. • *Wellheim:* Pfarrkirche und Burg. • *Konstein:* Kletterfelsen. • Ab *Dollnstein* siehe Tour 12.

Das sogenannte Wellheimer Trockental verbindet zwischen Rennertshofen und Dollnstein das Donautal und das Altmühltal. Einstmals floß durch dieses breite Tal, dem nun der Fluß zu fehlen scheint, die mächtige Donau und stieß erst beim heutigen Kelheim wieder auf ihren jetzigen Lauf. Das Wellheimer Tal vermittelt einen bequemen, weil steigungsfreien Übergang von der Donau zur Altmühl. Der Weg ist als ***Urdonautal-Route*** ausgeschildert.
Kurz vor Rennertshofen verlassen wir den Donauradwanderweg nach links und radeln hinter der Brücke über die Ussel geradewegs nach **Rennertshofen** hinein. Neben der Kirche treffen wir auf die breite Marktstraße, auf der wir rechts, vorbei am ***Rathaus*** aus dem 16. Jahrhundert, durch den Ort fahren. Nach dem Tor am Ende des alten Ortskerns biegen wir links auf die Hauptstraße ein. Wir folgen ihr um den mit einer niedrigen Mauer umgürteten Ort, bis wir rechts auf die ***Industriestraße*** einschwenken können. Vor uns öffnet sich nun das breite Tal der Urdonau, auf das die barocke Kirche des Dörfchens Mauern herabschaut. Immer geradeaus folgen wir der schmalen Teerstraße bis zu einer Kreuzung vor den ersten Häusern von **Mauern**, das jenseits der Gleise der ***Museumseisenbahn*** liegt. Links führt auf einem Wirtschaftsweg ein kurzer Abstecher zu den ***Weinberghöhlen*** hinauf, die in den Jurafelsen oberhalb der weiten Talaue liegen. Bei Ausgrabungen stieß man hier auf die Spuren steinzeitlicher Jäger.

Der Weiterweg durch das Urdonautal führt uns über die Gleise und schwenkt noch vor dem Ort nach links. Wir überqueren wieder die Bahnlinie, an der entlang wir bis kurz vor **Ellenbrunn** radeln. Nun schwenken wir links auf einen Kiesweg, halten uns an der nächsten Feldweggabelung rechts und überqueren eine Teerstraße. Wir folgen der schmalen Straße, die uns nach **Hütting** führt. Am Ortseingang thronen auf einem steilen Felsturm die Reste einer im 11. Jahrhundert erbauten ***Burg***, und über der Kirche ragen bizarre Jurafelsen aus dem steilen Talhang. Wir radeln geradewegs in das Dorf und stoßen auf die Hauptstraße, der wir kurz nach links folgen. Nach den Bahngleisen zweigen wir links auf eine Nebenstraße ab, die uns aus dem Dorf ins Ackerland führt.

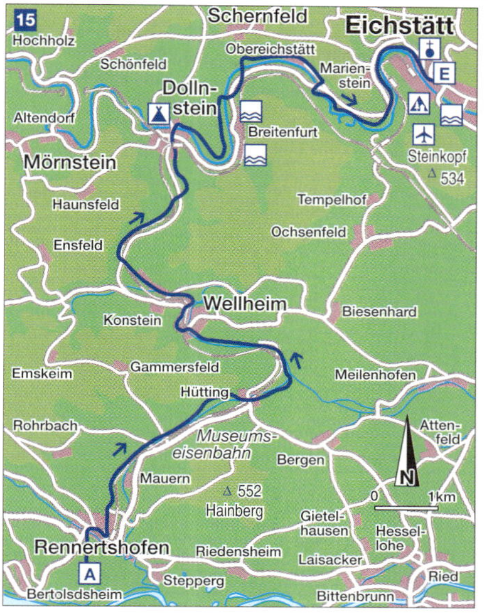

Von den Weinberghöhlen, in denen man auf Spuren eiszeitlicher Jäger stieß, geht der Blick auf das Urdonautal bei Mauern.

Nach wenigen hundert Metern geradeaus auf einen Kiesweg, dem wir bis zu einer Wegkreuzung folgen. Geradewegs folgt das Sträßchen der Schutter, die bei Ingolstadt in die Donau mündet. Wir halten uns jedoch links, überqueren nach der nächsten Kreuzung rechts die Schutter und biegen nach 100 Metern wieder nach links. Wir bleiben nun immer an der rechten Seite des breiten Urdonautales. Nach einem kurzen Anstieg halten wir uns an einer Weggabelung links, und lassen die Räder wieder in den Talgrund hinabrollen. Hier an einer Gabelung rechts und dann immer gerade durch bis an den Ortsrand von Wellheim. Wir radeln geradeaus durch den Ort, bis wir auf eine Vorfahrtsstraße treffen. Auf ihr links in das alte Ortszentrum von **Wellheim**, das von der ***barocken Kirche*** und der im 12. Jahrhundert auf beherrschendem Fels erbauten ***Burg*** überragt wird.

Wir folgen der Hauptstraße, die vor der Kirche nach rechts umbiegt und unterhalb des steilen Burgfelsens aus dem Ort führt. Nach den letzten Häusern zweigen wir in einer scharfen Linkskurve rechts in ein Seitensträßchen und biegen nach wenigen Metern links in einen Kiesweg. Er führt uns geradewegs zu den bekannten ***Kletterfelsen*** von Konstein. Am Fuß der steilen Jurafelsen stoßen wir auf eine Teerstraße, die uns links nach **Konstein** hineinführt.

Dort radeln wir immer am rechten Talrand geradeaus durch den Ort, bis bei den letzten Häusern die Teerstraße rechts hinauf umbiegt. Wenige Meter zuvor finden wir links einen Kiesweg, der uns nach kurzer Fahrt zur Hauptstraße bringt. Auf ihr nach rechts, nach etwa 400 Metern links auf einem Kiesweg über die Gleise und rechts an der Bahnlinie entlang. Jetzt immer nahe der Gleise, bis uns der Radweg wieder zur Hauptstraße führt. An ihr ein kurzes Stück entlang und dann rechts über die Straße zu einem kleinen See. Der Kiesweg biegt am Ufer nach links und führt uns unterhalb schöner Wacholderheiden geradewegs nach **Dollnstein** (siehe Tour 12). Jenseits der Altmühl stoßen wir im alten Ortskern auf den ***Altmühltalradweg***, auf dem wir nach Eichstätt gelangen (Tour 12).

Radreparatur
• *Rennertshofen:* Fa. Baierlein, Marktstr. 44, Tel. (0 84 34) 2 76. • *Wellheim:* Fa. Kohl, Jurastr. 55, Tel. (0 84 27) 3 29. • Ab *Dollnstein* siehe Tour 12.

Übernachtungen unterwegs
• *Rennertshofen:* Gästehaus Hager, Graspointstr. 19, Tel. (0 84 34) 13 02; Gästehaus Seefried, Finkenstr. 14, Tel. (0 84 34) 18 06.
• *Wellheim:* Gaststätte Naturfreundehaus, Aicha 12, Tel. (0 84 27) 3 30.
• Ab *Dollnstein* siehe Tour 12.

Camping
• *Rennertshofen:* Jugendzeltplatz, Auskunft Gemeindeverwaltung, Tel. (0 84 34) 6 11.
• Ab *Dollnstein* siehe Tour 12.

Einkehrmöglichkeiten
In Rennertshofen, Ellenbrunn, Hütting, Wellheim, Konstein, Dollnstein, Obereichstätt und Eichstätt.

Auskunft
• 86643 Rennertshofen: Gemeindeverwaltung, Marktstr. 18, Tel. (0 84 34) 6 11.
• 91809 Wellheim: Gemeindeverwaltung, Marktplatz 2, Tel. (0 84 27) 9 91 10.
• Ab Dollnstein siehe Tour 12.

Kombinationen
Ergibt mit den Etappen durch das untere Altmühltal (Tour 13 und 14) und dem Rückweg von Kelheim über Ingolstadt und Neuburg (Touren 18, 17 und 16 bis Rennertshofen) eine herrliche Fünftage-Rundtour.

Landkarten
ADFC-Radtourenkarte 1:150 000, Blatt 22 »Fränkische Alb – Altmühl«.

Der Radweg durch das Urdonautal führt uns kurz vor Konstein zu bizarren Jurafelsen, die ein beliebtes Klettergebiet sind.

16

Auf dem Donauradweg von Donauwörth nach Regensburg

16 Von Donauwörth nach Neuburg an der Donau

Donauwörth – Altisheim – Marxheim – Bertoldsheim – Rennertshofen – Neuburg an der Donau

Ausgangsort
Das Rathaus im Stadtzentrum von Donauwörth. Donauwörth liegt am Kreuzungspunkt der »Romantischen Straße« mit der Donau. Bahnanschluß.

Zielpunkt
Das Zentrum von Neuburg an der Donau. Rückkehrmöglichkeit von Neuburg an der Donau nach Donauwörth mit der Bahn.

Gesamttourenlänge
42 km.

Zeitbedarf
4 Stunden Fahrzeit.

Etappen
Donauwörth – Altisheim: 13 km; Altisheim – Bertoldsheim: 14 km; Bertholdsheim – Rennertshofen: 3,5 km; Rennertshofen – Neuburg an der Donau: 11,5 km.

Steigungen
Zwischen Altisheim und Marxheim und in Steppberg einige längere Anstiege.

Geländestruktur
Teils durch die flachen Talauen der Donau, teils über die nördlichen Randhöhen.

Günstigste Jahreszeit
Vom Frühjahr bis in den Spätherbst.

Sehenswertes
• *Leitheim:* Barock-Schloß. • *Neuburg:* Obere Altstadt, Renaissance-Schloß mit Schloßmuseum und Schloßkapelle, Hofkirche, Kirche St. Peter und Befestigungsanlagen.

Wir beginnen die Tour am Rathaus in der Altstadt von **Donauwörth**. Vorbei an der Tourist-Information fahren wir in die ***Rathausgasse***, die nach wenigen Metern nach links umknickt. Wir schieben die Räder hier geradeaus durch das schmale »Ochsentörl« am Pulverturm und erreichen einen geteerten Radweg, auf dem wir rechts durch die schattige Promenade fahren. An der Weggabelung links halten und geradeaus, bis der Radweg an einer Straße endet. Auf ihr wenige Meter rechts zur ***Zirgesheimer Straße*** hinab, auf der wir uns nach links wenden und Donauwörth verlassen.
Am Ortsrand beginnt der Radweg, der uns in leichtem Auf und Ab am **Schweizerhof** vorbei am Rand des Donautales nach **Altisheim** bringt. Wir radeln geradewegs durch das Dorf und mühen uns einen anstrengenden Berg nach **Leitheim** hinauf. Rechts der Straße liegt das Ende des 17. Jahrhunderts erbaute ***Barock-Schloß*** mit dem 1751 ausgestalteten Rokoko-Festsaal und Schloßkapelle, von dem aus man als Entschädigung für den Anstieg eine herrliche Aussicht auf Donau- und Lechtal genießt.
Nach einer Abfahrt stehen uns bei **Lechsend** noch zwei Anstiege bevor, bis wir in **Marxheim** wieder die Donauebene erreichen. Wir fahren geradewegs durch das Dorf und dann auf der Hauptstraße bis zum Ortsrand von **Bertoldsheim**. Hier linkshaltend auf der ***Marxheimer Straße*** in das Dorf. Die Hauptstraße windet sich in Kurven durch Bertholdsheim und führt kurz aufwärts. Vor einer Wirtschaft knickt sie, ausgeschildert nach ***Rennertshofen***, nach links. Hier geradeaus in die Straße

»*Am Schloßberg*« und nach wenigen Metern links, vorbei am Barock-Schloß, zurück zur Hauptstraße.
Rechts finden wir eine schmale Teerstraße, die uns nach kurzer Fahrt geradewegs über die Umgehungsstraße führt. An der folgenden Gabelung rechts halten und auf schmalen Sträßchen auf Rennertshofen zu. Nach 1,5 Kilometern erreichen wir vor einem Hügel eine Weggabelung. Links zweigt der bei Tour 15 beschriebene Radweg nach **Rennertshofen** ab, der durch das Urdonautal zum Altmühltal leitet. Wir fahren hier geradeaus an den Ortsrand von **Hatzenhofen**. Nach dem Brückchen halten wir uns rechts und fahren durch Hatzenhofen geradewegs nach **Stepperg**. Auf der *Hatzenhofner*

Vom Schloß in Stepperg leitet eine herrliche, von alten Bäumen flankierte Allee in das Hügelland nördlich der Donau.

Straße durch den Ort und danach geradewegs auf eine Vorfahrtsstraße und bald rechts in die ***Usselstraße***. An ihrem Ende auf der Querstraße links aufwärts, an der nahen Weggabelung wieder links und an der nächsten Kreuzung in die ***Rennertshofener Straße***. Dann geradewegs in die ***Antonibergstraße*** und an der Vorfahrtsstraße links aufwärts. Jetzt am Schloß vorbei und an der Weggabelung linkshaltend durch eine wunderschöne Allee aufwärts. Am höchsten Punkt nehmen wir an der Weggabelung das linke Sandsträßchen und lassen die Räder bis kurz vor die Hauptstraße rollen. An dieser Stelle rechts in eine schmale Straße, die uns nach **Riedensheim** bringt. Geradewegs durch das Dorf zu Vorfahrtsstraße, auf ihr rechts hinab und an der nächsten Kreuzung wieder rechts. Nach wenigen Metern biegen wir am Rand der Äcker links auf einen Wirtschaftsweg. Durch das Naturschutzgebiet Finkenstein radeln wir zu den Wiesen am Ortsrand von Bittenbrunn. Wir biegen links auf die breitere Teerstraße, die uns durch **Bittenbrunn** geradewegs zur Hauptstraße führt. An ihr entlang auf dem Radweg zu einer Kreuzung. Rechts radeln wir über die Donaubrücke, die von Schloß und Altstadtberg überragt wird, in das Stadtzentrum von **Neuburg an der Donau**. Schon Kelten und Römer siedel-

Zum Abschluß der Etappe leitet uns die Donaubrücke in das Zentrum von Neuburg, das von dem mächtigen Renaissance-Schloß überragt wird.

ten auf dem Hügel, auf dem heute die Oberstadt und das Schloß liegen. Durch das Obere Tor gelangt man von der Donau zum Stadtberg hinauf. Im 15. Jahrhundert wurde die Obere Stadt befestigt, und im 16. Jahrhundert, als Neuburg Sitz eines Fürstentums wurde, setzte die kulturelle Blütezeit ein. Fürst Ottheinrich begann mit dem Bau des mächtigen ***Renaissance-Schlosses***, das einen weiten, mit Arkadengängen und Fresken geschmückten Schloßhof einfaßt. Hier findet man auch das informative Schloßmuseum. Am Eingang zum Schloßhof liegt links die bedeutende Schloßkapelle mit ihren frühen Renaissance-Fresken und einer Kreuzigungsgruppe am Altar. Geistiger Mittelpunkt war die nahe ***Hofkirche***, die im Stil der späten Renaissance errichtet wurde. Das elegante Kirchenschiff ist mit feinem Stuck und einem mächtigen Hochaltar verziert, dessen Bilder ursprünglich von Rubens gemalt waren. Am nahen ***Karlsplatz*** stehen das Rathaus von 1609 und die 1732 erbaute jetzige Provinzialbibliothek. Erwähnt seien noch drei beachtliche, fein ausgestattete Kirchen. St. Peter wurde Mitte des 17. Jahrhunderts erbaut und im 18. Jahrhundert entstanden die Pfarrkirche und die Studienkirche.

Radverleih
In Donauwörth.

Radreparatur
• *Marxheim-Schweinspoint:* W. Gay, Depoldstr. 20, Tel. (0 90 97) 15 58. • *Bertoldsheim:* Fa. Schiele, Seestr. 2, Tel. (0 84 34) 15 55. • *Rennertshofen:* Fa. Baierlein, Marktstr. 44, Tel. (0 84 34) 2 76. • *Neuburg an der Donau:* Radsport Ruf, Fünfzehnerstr. 30, Tel. (0 84 31) 4 14 02; Fa. Behr, Münchner Str. 328, Tel. (0 84 31) 4 48 89; Fa. Lierheimer, Schmidstr. 133, Tel. (0 84 31) 20 76.

Übernachtungen unterwegs
• *Donauwörth-Zirgesheim:* Mehrere Gasthöfe und Pensionen. • *Altisheim:* Gasthof Grünewald, Hopfenweg 4, Tel. (0 90 07) 2 66; Helga Steidle, Donaustr. 34, Tel. (0 90 07) 12 12. • *Marxheim:* Gasthaus Sonne, Bayernstr. 16, Tel. (0 90 97) 2 39. • *Bertoldsheim:* Mehrere Privatunterkünfte (Auskunft über Kreisfremdenverkehrsamt in Neuburg). • *Rennertshofen:* Gästehaus Hager, Graspointstr. 19, Tel. (0 84 34) 13 02; Gästehaus Seefried, Finkenstr. 14, Tel. (0 84 34) 18 06. • *Stepperg:* Gasthof Kimmerling, Neuburger Str. 5, Tel. (0 84 34) 4 92. • *Riedensheim:* Fam. Hager, Graspointstr. 19, Tel. (0 84 34) 13 02. • *Bittenbrunn:* Hotel Kirchbauer Hof, Monheimer Str. 119, Tel. (0 84 31) 25 32 oder 85 22; Hotel Jagdschlößchen, Gietlhauser Str. 43, Tel. (0 84 31) 27 00. • *Neuburg an der Donau:* Große Auswahl an Hotels, Gasthöfen und Pensionen.

Camping
• *Marxheim:* Zeltmöglichkeit am Gasthaus Sonne, Bayernstr. 16, Tel. (0 90 97) 2 39. • *Rennertshofen:* Jugendzeltplatz, Auskunft Gemeindeverwaltung, Tel. (0 84 34) 6 11. • *Neuburg:* Campingplatz im Englischen Garten, Tel. (0 84 31) 94 73.

Einkehrmöglichkeiten
In Donauwörth-Zirgesheim, Schweizerhof, Altisheim, Leitheim, Marxheim, Bertoldsheim, Rennertshofen, Hatzenhofen, Stepperg, Bittenbrunn und Neuburg an der Donau.

Auskunft
• 86633 Neuburg an der Donau: Gästeinformation, Residenzstr. 65, Tel. (0 84 31) 5 52 40 oder 5 52 41. • Für die Orte zwischen *Bertholdsheim* und *Neuburg* an der Donau: Fremdenverkehrsamt des Kreises Neuburg-Schrobenhausen, Neuburg, Platz der Deutschen Einheit 1, Tel. (0 84 31) 5 72 17.

Landkarten
ADFC-Radtourenkarte 1:150 000, Blatt 22 »Fränkische Alb – Altmühl«.

17 Von Neuburg an der Donau nach Ingolstadt

Neuburg an der Donau – Jagdschloß Grünau – Weichering – Ingolstadt

Ausgangsort
Neuburg an der Donau liegt westlich Ingolstadt im Tal der Donau. Bahnanschluß.

Zielpunkt
Das Stadtzentrum von Ingolstadt. Rückkehrmöglichkeit nach Neuburg an der Donau mit der Bahn.

Gesamttourenlänge
24 km.

Zeitbedarf
2 Stunden Fahrzeit.

Etappen
Neuburg an der Donau – Weichering: 13 km; Weichering – Ingolstadt: 11 km.

Steigungen
Keine nennenswerten Steigungen.

Geländestruktur
Durch die flachen, teils dicht bewaldeten Donauauen.

Günstigste Jahreszeit
Vom Frühjahr bis in den Spätherbst.

Sehenswertes
- *Grünau:* Renaissance-Schloß.
- *Weichering:* Pfarrkirche und St.-Antonius-Kapelle.
- *Ingolstadt:* Altstadt mit Neuem Schloß, Kirchen, Museen und Teilen der alten Stadtbefestigung.

Unsere Tour beginnt in **Neuburg an der Donau** am Südende der Donaubrücke. Wir radeln auf der Hauptstraße bis zur nahen Kreuzung und biegen links in die nach ***Grünau*** ausgschilderte Straße. Sie führt ein kurzes Stück am Donauufer entlang und bietet uns einen letzten Blick hinauf zum mächtigen Schloß. Entlang der Hauptstraße fahren wir auf dem Radweg fünf Kilometer geradeaus, bis wir kurz vor dem Jagdschloß Grünau auf eine vielbefahrene Vorfahrtsstraße treffen. Geradewegs über die Hauptstraße und auf schmalem Sträßchen zum nahen **Jagdschloß Grünau**, das in einer wohltuend stillen Parklandschaft liegt. Pfalzgraf Ottheinrich ließ den mächtigen Bau, dessen Stil den Übergang von der Gotik zur Renaissance zeigt, zwischen 1530 und 1555 für seine Gattin errichten.

Wir radeln rechts um das ausladende Schloß herum und biegen in den zweiten Wirtschaftsweg ein, der rechts abgeht. Durch eine Allee erreichen wir eine schmale Teerstraße, die uns geradewegs zum **Gut Rohrenfeld** führt. Links am Gutshof vorbei Richtung Maxweiler. Nach kurzer Fahrt biegen wir links in einen Kiesweg. An den Weggabelungen auf den Äckern halten wir uns links, dann rechts und wieder links und erreichen einen Querweg am Waldrand. Auf ihm rechts in den Auwald und an mehreren Kreuzungen gerade durch. Bald halten wir uns an einer Weggabelung rechts und radeln geradewegs auf die Äcker hinaus. Wir queren die alte Bahnlinie und halten uns am Ortsrand von **Weichering** links. Nahe dem Bahndamm radeln wir durch das Dorf und wechseln nach zwei Kilometern links auf die Nordseite der stillgelegten Bahnlinie. Wir folgen ihr weitere drei Kilometer, ehe wir auf einen Querweg stoßen. Auf ihm nach links und in Kurven über Äcker und durch ein Wäldchen, an dessen Ende wir links zum Donaudamm abbiegen. Rechts bringt uns der Dammweg zum ***Donaukraftwerk Ingolstadt***. Geradeaus führt hier eine Kurzvariante zum Stadtzentrum. Wir folgen jedoch dem Hauptweg und überqueren auf der Staustufe die Donau. Am Nordufer halten wir uns links und bleiben auf der Teerstraße, die bald vom Ufer wegführt. Wir erreichen eine Vorfahrtsstraße, der wir nach rechts folgen. Auf dem Radweg bis zu einer weiteren Vorfahrtsstraße, und an ihr entlang bis zur »***Westlichen Ringstraße***«.

An der Ampel über die Straße, wenige Meter nach links und dann rechts auf der ***Friedhofstraße*** durch das Kreuztor in die Altstadt von **Ingolstadt**. An der Weggabelung vor dem nahen Liebfrauenmünster halten wir uns rechts, radeln über die ***Kreuzstraße*** und ***Theresienstraße*** bis zur Fußgängerzone und biegen rechts in die ***Luftgasse***. Dann links in die ***Dollstraße*** und geradeaus, bis wir rechts über die ***Moritzstraße*** zum nahen ***Rathausplatz*** im Zentrum von Ingolstadt gelangen.

Schon die Kelten hatten eine ihrer wichtigsten Siedlungen im nahen ***Manching***, und auch die Römer nützten hier den Donauübergang. Anfang des 9. Jahrhunderts wurde die Siedlung ***Ingolstadt*** erstmals urkundlich erwähnt. Im 13. Jahrhundert wurde sie zur Stadt erhoben, war ab 1392 Residenz des Teilherzogtums Bayern-Ingolstadt und wurde ab dem 16. Jahrhundert zur stärksten bayerischen Festung ausgebaut. Im intakten altbayerischen Stadtkern mit seinen Bürgerhäusern sind bedeutende Bauwerke zu finden. Nahe dem Kreuztor aus dem 14. Jahrhundert ragen die gedrungenen Türme des spätgotischen ***Liebfrauenmünsters*** in den Himmel. Im gewaltigen Kirchenschiff besticht der Renaissance-Altar

Ehe der Donauradweg vom Ufer wegführt, gönnt er uns einen letzten Blick auf das weit ausladende Renaissance-Schloß von Neuburg an der Donau.

mit seinen Tafelbildern. Etwas nördlich des Liebfrauenmünsters ist die ***Asam-Kirche Maria Victoria*** zu finden, die 1736 fertiggestellt wurde und ein eindrucksvolles Deckenfresko von Cosmas Damian Asam und einen herrlichen Hochaltar birgt. Im Zentrum der Altstadt, nahe dem sehenswerten alten ***Rathaus***, liegt die

Im 15. Jahrhundert wurde in Ingolstadt das Neue Schloß erbaut, in dem heute das Bayerische Armeemuseum untergebracht ist.

Stadtpfarrkirche St. Moritz mit dem Pfeifenturm, die ab 1234 erbaute älteste Kirche Ingolstadts. Im Inneren finden sich wertvolle Barock-Altäre und gotische Skulpturen. Die ***Minoritenkirche*** in der Harderstraße wird für die fein gearbeiteten Grabmäler und den barocken Hochaltar gerühmt. Im Anfang des 15. Jahrhunderts erbauten und später verstärkten ***Neuen Schloß*** am Paradeplatz ist das Bayerische Armeemuseum untergebracht. Im ***Alten Schloß*** aus dem 13. Jahrhundert, dem späteren Herzogkasten, findet man das ***Spielzeugmuseum***, im Donaukasten das ***Stadtmuseum*** und in der Alten Anatomie das ***Deutsche Medizinhistorische Museum***.

Radreparatur
• *Ingolstadt:* Beisigl Rad & Tat, Goethestr. 18, Tel. (08 41) 95 65 65; Radhaus, Kreuzstr. 2, Tel. (08 41) 3 22 11; Willner Fahrradtechnik, Harderstr. 11 (08 41) 93 53 50.

Übernachtungen unterwegs
• *Weichering:* Gasthaus Vogelsang, Tel. (0 84 54) 28 79; Fam. Oppenheimer, Am Anger 8, Tel. (0 84 54) 12 53.
• *Ingolstadt:* Mehrere Hotels.

Preiswerte Unterkunft
• *Ingolstadt:* Jugendherberge, Friedhofstr. 4, Tel. (08 41) 3 41 77.

Camping
• *Neuburg-Bürgerschwaige* (kurz vor Schloß Grünau): Zeltübernachtungsplatz, Tel. (0 84 31) 5 72 84. • *Ingolstadt:* Campingplatz Auwaldsee, Tel. (08 41) 9 61 16 16.

Einkehrmöglichkeiten
In Weichering und Ingolstadt.

Auskunft
• 85049 Ingolstadt: Fremdenverkehrsamt, Rathausplatz 2, Tel. (08 41) 3 05 10 98.

Landkarten
ADFC-Radtourenkarte 1:150 000, Blatt 22 »Fränkische Alb – Altmühl«.

18 Von Ingolstadt nach Kelheim

Ingolstadt – Großmehring – Vohburg – Pförring – Bad Gögging – Weltenburg – Kelheim

Wir beginnen die Tour in **Ingolstadt** auf dem ***Rathausplatz*** und radeln in die schmale ***Hieronymusgasse***. Durch enge Gassen gelangen wir geradewegs zum ***Paradeplatz*** vor dem Neuen Schloß. Wir radeln links um das Schloß herum und dann rechts zum Donauufer hinab. Auf dem Radweg fahren wir nach links, unter der Eisenbahnbrücke hindurch und nach der Schillerbrücke auf der Zufahrtsstraße kurz aufwärts. Rechts finden wir den Dammweg, dem wir geradewegs bis zum **Bayernwerk** folgen.

Hier bieten sich zwei Weiterwege an. Entweder man folgt weiterhin dem Damm bis zur Donaubrücke bei Großmehring. Oder man fährt den Schildern des Donauradweges folgend links um das Bayernwerk herum. Nach dem Werksgelände unter der Umgehungsstraße hindurch zum Ortsrand von **Kleinmehring**. Auf der Straße rechts in den Ort und unterhalb der Kirche rechts in die ***Kanalstraße***. Auf ihr radeln wir geradewegs durch **Großmehring** und biegen am Ortsende

Ausgangsort
Der Rathausplatz in der Altstadt von Ingolstadt. Ingolstadt liegt nahe der A9 im Tal der Donau. Bahnanschluß.

Zielpunkt
Altstadt von Kelheim. Rückkehrmöglichkeit vom nahen Ort Saal mit der Bahn nach Ingolstadt.

Gesamttourenlänge
Bis Kloster Weltenburg 41 km. Von dort entweder mit dem Schiff (siehe Abfahrtszeiten) oder mit dem Rad (zusätzlich 8 km) nach Kelheim.

Zeitbedarf
3,5 Stunden bis Weltenburg; Fahrt mit dem Schiff durch die Donauenge nach Kelheim je nach Wartezeit.

Etappen
Ingolstadt – Großmehring: 9 km;
Großmehring – Vohburg: 6 km;
Vohburg – Pförring: 6 km;
Pförring – Bad Gögging: 7 km;
Bad Gögging – Weltenburg: 12 km.

Steigungen
Kurze Anstiege zwischen Bad Gögging und Weltenburg; nach Weltenburg ein anstrengender Anstieg (wenn man nicht mit dem Schiff durch die Donauenge fährt).

Geländestruktur
Bis Bad Gögging durch die flachen Donauauen, anschließend bis Weltenburg über sanft gewellte Hügel, auf denen Hopfen angebaut wird. Von Weltenburg entweder mit dem Schiff durch den berühmten Donaudurchbruch oder mit dem Rad über die bewaldeten Randhöhen nach Kelheim.

Günstigste Jahreszeit
Vom Frühjahr bis in den Spätherbst.

Sehenswertes
• *Ingolstadt:* Spielzeugmuseum im Alten Schloß. • *Vohburg:* Altstadt rund um den Burgberg mit Pfarrkirche, Schloß, Rathaus und Stadttoren. • *Wackerstein:* Schloß. • *Pförring:* Pfarrkirche. • *Neustadt* (Abstecher): Altstadt mit Kirche St. Laurentius, Rathaus und Stadtbefestigung. • *Bad Gögging:* Kirche St. Andreas auf Resten römischer Badeanlagen. • *Eining* (Abstecher): Römerkastell »Abusina«. • *Weltenburg:* Kloster Weltenburg und Donaudurchbruch. • *Kelheim* siehe Tour 14.

Variante
Von Weltenburg mit der Fähre nach Stausacker und nördlich der Donau nach Kelheim

Abstecher
In das nahe des Donauradweges gelegene Neustadt und in das nördlich von Bad Gögging gelegene Eining.

18 Von Ingolstadt nach Kelheim

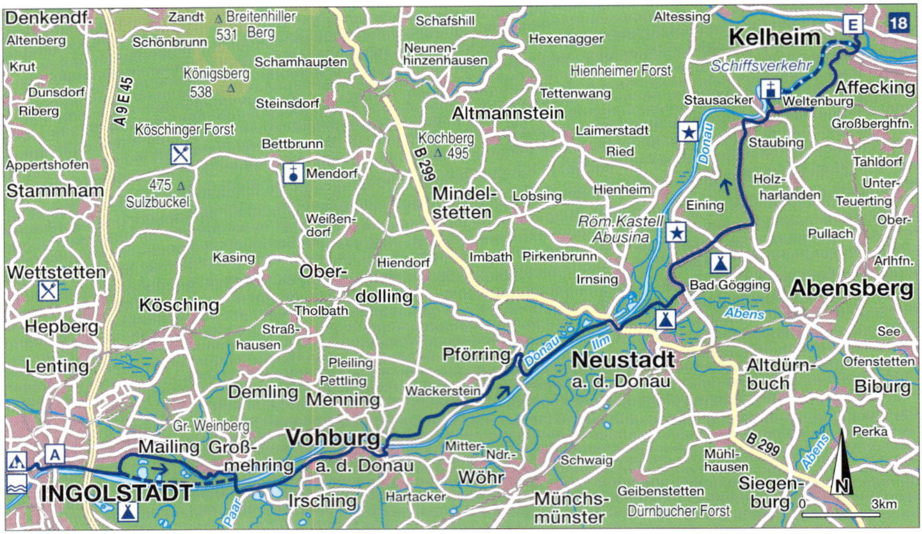

rechts zur Donaubrücke ab. Wir überqueren die Donau und finden nach der Brücke links einen Weg, der uns am rechten Ufer nach Vohburg bringt.

Am Ortsrand von **Vohburg** fahren wir vom Damm herab, halten uns dann links und radeln durch das Tor zur Straße am Fuß des Burgberges. Nach links läuft der kürzeste Weg zur Donaubrücke. Die Beschilderung des ***Donauradweges*** leitet uns jedoch für eine Stadtbesichtigung nach rechts. Wir radeln um den Burgberg, bis wir vor der Brücke über den Wellenbach auf die Hauptstraße stoßen. Auf ihr links durch das Tor in die ***Altstadt*** von Vohburg. Der zentrale ***Burgberg*** ist seit der Bronzezeit besiedelt. Durch ein romanisches Burgportal tritt man auf das Plateau mit den Resten der mittelalterlichen Burg, auf dem die klassizistisch umgestaltete Pfarrkirche steht. Die Altstadt am Fuße des Burgberges wird noch von drei mittelalterlichen ***Stadttoren*** bewacht. Durch die Altstadt von Vohburg fahren wir geradewegs zur Donau. Nach der Brücke radeln wir an der neuen Hauptstraße kurz nach rechts, ehe wir den Beginn der alten Straße erreichen. Sie leitet uns nach **Dünzing**, das wir geradewegs durchqueren. In **Wackerstein** folgen wir der Hauptstraße, die uns unter dem ***Barock-Schlößchen*** zur neuen Straße führt. An ihr entlang kurz nach links und bei erster Gelegenheit links abbiegen.

Auf dem Bergsporn zwischen Donau- und Altmühltal ließ König Ludwig I. Mitte des 19. Jahrhunderts die Befreiungshalle erbauen.

Am Ortsrand halten wir uns an der Straßengabelung rechts und radeln nach **Pförring**. Im Ortszentrum rechts in die *Donaustraße* und dann links in die Straße »*Geisgries*«. Sie führt uns am Gemeindeweiher vorbei zur Umgehungsstraße, die wir überqueren. Durch Wald radeln wir zum Donaudamm und linkshaltend durch ruhige Auenlandschaft zur Donaubrücke nördlich Neustadt. Wir überqueren den Fluß und biegen am Südufer in den Hinterdammweg. Vorbei an ersten Hopfenfeldern erreichen wir die Wegkreuzung, an der wir links nach **Bad Gögging** abbiegen. Schon die Römer nutzten dort das heilkräftige Wasser. Reste einer römischen Badeanlage finden sich unter der romanischen *Kirche St. Andreas*, die ein sehenswertes Portal aus dem 12. Jahrhundert aufweist.
Wir treffen in Bad Gögging auf die Hauptstraße, auf der wir links nach **Sittling** radeln. Fährt man nach dem Ort geradeaus auf der Hauptstraße weiter, gelangt man zum großen *Römerkastell* in Eining. Wir biegen jedoch an der Kreuzung nach Sittling rechts zur Ziegelei ab. Zwei Kilometer nach der Ziegelei erreichen wir eine Kreuzung, an der wir links nach **Staubing** fahren. In Staubing unter der Umgehungsstraße durch, vorbei an der Kirche und dann rechts in die Straße »*Am Krautgarten*«. Wir treffen auf die Landstraße, auf der wir in das nahe **Weltenburg** radeln. Hier haben wir zwei Möglichkeiten zur Weiterfahrt nach Kelheim. Entweder man folgt über einen bewaldeten Hügelkamm der als Donauradweg beschilderten Hauptstraße nach Kelheim (nicht zu empfehlen).
Oder man fährt weiter an der Donau entlang bis zum **Kloster Weltenburg** und von dort mit dem Schiff nach Kelheim. Schon im 7. Jahrhundert sollen sich hier

Am westlichen Eingang in das wildromantische Donaudurchbruchstal liegt in einer Flußschleife Kloster Weltenburg mit seiner herrlichen Barock-Kirche.

irische Mönche niedergelassen haben. Herzog Tassilo III. unterstellte das Kloster dem Benediktinerorden. Das lange Zeit unbedeutende Kloster erlangte erst im 18. Jahrhundert größeren Reichtum. In dieser Zeit entstanden die neuen Gebäude mit der herrlichen ***Kirche*** im Zentrum. Sie zählt zu den hervorragenden Barock-Kirchen in Bayern und ist ein Werk von Cosmas Damian Asam. Der wundervolle Hochaltar ist in sanftes Licht getaucht und der ovale Kirchenraum wird von einer herrlich ausgemalten Kuppel abgeschlossen. Nahe dem Kloster starten die Schiffe, die uns anschließend durch den malerisch von hellen Felswänden überragten ***Donaudurchbruch*** nach **Kelheim** (siehe Tour 14) bringen.

Radreparatur

• *Großmehring:* Fa. Hallermeier, Marienplatz 3, Tel. (0 84 07) 2 24; Fa. Ostermeier, Regensburger Str. 15, Tel. (0 84 07) 2 42. • *Vohburg:* Fa. Schmidmaier, Donaustr. Tel. (0 84 57) 12 34. • *Pförring:* Fa. Forstner, Kelsstr. 8, Tel. (0 84 03) 2 58. • *Neustadt:* Müller, Rambaldistr. 3, Tel. (0 94 45) 79 60. • *Kelheim:* Siehe Tour 14.

Übernachtungen unterwegs

• *Großmehring:* Mehrere Gasthöfe. • *Vohburg:* Gasthof Stöttner-Bräu, Donaustr. 9, Tel. (0 84 57) 12 19; Gasthaus Seefelder Hof, Donaustr. 29, Tel. (0 84 57) 4 64. • *Vohburg-Dünzing:* Fam. Amberger, Dorfstr. 29, Tel. (0 84 57) 29 51; Fam. Wolfsteiner, Am Ölberg 1, Tel. (0 84 57) 17 51. • *Wackerstein:* G. Forchhammer, Vohburger Str. 31, Tel. (0 84 03) 12 73; A. Kreis, Vohburger Str. 82, Tel. (0 84 03) 7 31. • *Pförring:* Mehrere Gasthöfe und Pensionen. • *Neustadt:* Größere Anzahl an Gasthöfen und Pensionen. • *Bad Gögging:* Große Auswahl an Hotels, Gasthöfen und Pensionen. • *Weltenburg:* Größere Auswahl an Gaststätten und Pensionen (Auskunft Kelheim) . • *Kelheim:* Große Auswahl an Hotels, Gaststätten und Pensionen.

Preiswerte Unterkunft

• *Kelheim:* Siehe Tour 14.

Camping

• *Vohburg:* Zeltübernachtungsplatz an der Donaulände. • *Vohburg-Menning* (1,5 km nordwestlich der Donaubrücke Vohburg): Zeltplatz beim Gasthaus Unterer Wirt, Ingolstädter Str. 17, Tel. (0 84 57) 14 67. • *Neustadt:* Campingplatz Feldbachmühle (an der Straße zwischen Neustadt und Bad Gögging), Tel. (0 94 45) 5 16. • *Kelheim:* Siehe Tour 14.

Einkehrmöglichkeiten

In Großmehring, Vohburg, Wackerstein, Pförring, Bad Gögging, Weltenburg und Kelheim.

Abfahrtszeiten

Schiffsverkehr zwischen Weltenburg und Kelheim:
Ende März – Ende April und Mitte Oktober – Anfang November: wochentags 10.45 – 16.15 Uhr, sam. und son. 10.15 – 17.15 Uhr.
Ende April – Mitte Mai und Ende September – Mitte Oktober: wochentags 10.15 – 17.15 Uhr, sam. und son. 10.10 – 18.10 Uhr.
Mitte Mai – Ende September: wochentags 10.15 – 18.10 Uhr, sam. und son. 10.00 bis 18.30 Uhr.

Auskunft

• 85098 Großmehring: Gemeindeamt, Marienplatz 7, Tel. (0 84 07) 9 29 40. • 85088 Vohburg: Stadtverwaltung, Ulrich-Steinberger-Platz 12, Tel. (0 84 57) 10 21. • 85104 Pförring: Verkehrsamt, Marktplatz 1, Tel. (0 84 03) 92 92 31. • 93333 Neustadt, Stadtverwaltung, Stadtplatz 1, Tel. (0 94 45) 8 70. • 93333 Bad Gögging: Kurverwaltung, Tel. (0 94 45) 80 66 oder 20 09 90. • 93309 Kelheim (auch für Weltenburg): Verkehrsamt, Ludwigsplatz 14, Tel. (0 94 41) 70 12 34.
Auskunft zum Schiffsverkehr Weltenburg – Kelheim: Steibl Personenschiffahrt, Tel. (0 94 41) 32 01, oder Personenschiffahrt Stadler, Tel. (0 94 41) 72 99 und 43 54, oder Personenschiffahrt Schweiger, Tel. (0 94 41) 34 02.

Landkarten

ADFC-Radtourenkarte 1:150 000, Blatt 22 »Fränkische Alb -Altmühl«.

19 Von Kelheim nach Regensburg

Kelheim – Poikam – Bad Abbach – Regensburg

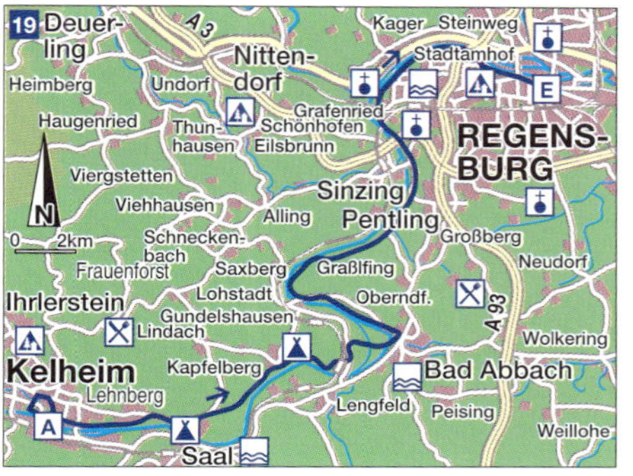

Ausgangsort
Die Altstadt von Kelheim. Kelheim liegt am Zusammenfluß von Altmühl und Donau. Bahnanschluß im nahen Ort Saal.

Zielpunkt
Die »Steinerne Brücke« in Regensburg. Rückkehrmöglichkeit von Regensburg in das nahe Kelheim gelegene Saal mit der Bahn.

Gesamttourenlänge
32 km.

Zeitbedarf
3 Stunden Fahrzeit.

Etappen
Kelheim – Poikam: 11 km;
Poikam – Bad Abbach: 3 km;
Bad Abbach – Regensburg: 18 km.

Steigungen
Keine nennenswerten Steigungen.

Geländestruktur
Nahe dem Donauufer durch das großteils stille Donautal.

Günstigste Jahreszeit
Vom Frühjahr bis in den Spätherbst.

Sehenswertes
• *Regensburg:* Gesamte Altstadt mit Steinerner Brücke, Dom, Porta Praetoria, Altem Rathaus, vielen weiteren sehenswerten Kirchen, Gebäuden, Museen und Gassen.

Wir beginnen die Etappe in der Altstadt von **Kelheim**. Auf der ***Altmühlstraße*** radeln wir durch das Stadttor und dann auf der Fußgängerbrücke über den Rhein-Main-Donau-Kanal. Wir biegen nach rechts und verlassen am Kanal und später am Donauufer entlang Kelheim. Nach dem Sportgelände am Ortsende von **Kelheimwinzer** linkshaltend zur Hauptstraße. Nun folgen wir der Straße, die uns nördlich an Herrnsaal vorbei nach **Kapfelberg** bringt. Wir biegen rechts in die Straße »***Am Yachthafen***« und radeln an der Donau entlang nach **Poikam**. An der ersten Kreuzung halten wir uns rechts und biegen im Dorf nach links. Bald geradewegs über die Hauptstraße und zur modernen Radlerbrücke, die die Donau überspannt. Wir treffen auf eine Straße, die rechts in das nahe **Bad Abbach** führt. Wir halten uns jedoch links und fahren auf dem Dammweg an **Oberndorf** vorbei. Bald treffen wir wieder auf das schmale Sträßchen. Wir radeln geradewegs durch den Weiler **Matting** und nach zwei Kilometern am Gasthaus in **Unterirading** vorbei. Es geht am Ufer entlang unter der Autobahn und einer Eisenbahnbrücke hindurch. Über die zweite Eisenbahnbrücke führt der Abstecher in das Naabtal (Tour 20). Wir folgen jedoch noch auf weitere sechs Kilometer dem Donauufer. Erst nahe der Regensburger Altstadt endet der Radweg, und wir müssen auf die Straße wechseln. Wir halten

Eine Fahrt durch die Altstadt von Regensburg, in der eine Anzahl mittelalterlicher Turmhäuser erhalten blieb, zählt zu den Höhepunkten am Donauradweg.

Am Ortsrand von Bad Abbach führt uns die schmale Charbonnières-les-Baines-Brücke über die träge dahinfließende Donau.

uns immer in Ufernähe und erreichen die ***Steinerne Brücke*** am Rand der Altstadt von **Regensburg**. Vom Brückentor ausgehend überspannt sie als technische Meisterleistung des Mittelalters seit 1146 die Donau.

Hier, am nördlichsten Punkt der Donau, lag die keltische Siedlung Radaspona und 179 n. Chr. erbauten die Römer das namengebende Castra Regina. Die zur Donauseite gewandte Porta Praetoria blieb bis in unsere Tage erhalten. Von 550 bis 1245 war Regensburg Hauptstadt des Herzogtums Bayern und anschließend bis 1806 freie Reichsstadt, in der ab 1663 der »Immerwährende Reichstag« abgehalten wurde. Seit dem 14. Jahrhundert wurde Regensburg von Nürnberg und Augsburg als wichtigste Fernhandelsstadt überflügelt, und der langsame Abstieg begann. So konnte die in Deutschland einzigartige mittelalterliche Großstadt erhalten bleiben. Glanzpunkt ist der von 1270 bis 1525 erbaute ***Dom***, die wichtigste gotische Kirche in Bayern. Außen bildet die Westfassade mit dem reichgeschmückten Hauptportal den Höhepunkt. Im Inneren trifft man auf eine unübersehbare Anzahl bedeutender Kunstwerke. Erwähnt seien die gotischen Altäre, die wundervollen gotischen Steinfiguren an den Vierungspfeilern und zahlreiche wertvolle gotische

Fenster. Neben dem Dom findet man den herrlichen ***Kreuzgang***, die romanisch ausgemalte ***Allerheiligenkapelle***, die romanische ***Kirche St. Stephan*** und die gotische ***St.-Ulrich-Kirche***, in der das ***Diözesanmuseum*** untergebracht ist. Das romanische ***Niedermünster*** mit dem barock ausgestatteten Kirchenraum besitzt einen wertvollen gotischen Baldachinaltar. Am Alten Kornmarkt steht die mit verspieltem Rokoko ausgestattete ***Alte Kapelle***, deren Grundmauern auf das 9. Jahrhundert zurückgehen. Die Kirche ***St. Blasius*** am Beraiterweg zählt zu den ersten großen gotischen Bauwerken in Deutschland. Im Inneren sehenswerte spätgotische Wandmalereien und Plastiken. Das ehemalige Bendediktinerkloster ***St. Emmeram*** wurde im 8. Jahrhundert gegründet und spielte in Kunst und Wissenschaft über Jahrhunderte eine bedeutende Rolle. Die Klosterkirche ist im Kern noch karolingisch und romanisch, den Kirchenraum verwandelten die Brüder Asam jedoch in einen prunkvollen Barock-Saal. Die ehemaligen Stiftsgebäude, die seit 1812 ***Schloß der Fürsten von Thurn und Taxis*** sind, umgeben den herrlichen gotischen Kreuzgang. Die romanische Kirche ***St. Jakob*** begeistert mit einem formenreichen Portal und wertvollen romanischen und gotischen Figuren im Inneren. Ein Erlebnis für sich ist die ***Altstadt*** mit ihren engen Gassen und verwinkelten Plätzen, die von mittelalterlichen ***Wohntürmen*** überagt werden. Unbedingt sehenswert sind der ***Alte Kornmarkt***, der von Alter Kapelle, ***Römerturm*** und ***romanischen Herzogshof*** umstellt ist. Das prächtig ausgestattete ***Alte Rathaus*** am Rathausplatz entstand zwischen dem 11. und 14. Jahrhundert. Kernstück der verschachtelten Anlage ist der großzügige ***Reichssaal***, in dem der »Immerwährende Reichstag« tagte. Von den Museen sei noch das ***Museum der Stadt Regensburg*** am Dachauplatz erwähnt, das umfangreiche Sammlungen zur Stadtgeschichte zeigt.

Radverleih
In Regensburg.

Radreparatur
• *Regensburg:* Fa. Ehrl, Am Protzenweiher 5, Tel. (09 41) 8 51 24; Fa. Rosenhammer, Lappersdorfer Str. 2, Tel. (09 41) 8 42 23; Fa. Stadler, Schäffnerstr. 25, Tel. (09 41) 5 12 46, Fahr-Rad-Laden Acht, Furtmayerstr. 12, Tel. (09 41) 7 00 03 65.

Übernachtungen unterwegs
• *Kelheimwinzer:* Mehrere Privatpensionen (Auskunft Kelheim). • *Poikam:* M. Wagner, Mitterweg 7, Tel. (0 94 05) 66 52; H. Käsbauer, Kanalstr. 2, Tel. (0 94 05) 42 48. • *Bad Abbach:* Größere Auswahl an Hotels, Gasthöfen und Pensionen. • *Unteriading:* Gasthaus zur Walba, Tel. (0 94 05) 21 02.
• *Regensburg:* Große Auswahl an Hotels, Gasthöfen und Pensionen.

Preiswerte Unterkunft
• *Regensburg:* Jugendherberge, Wöhrdstr. 60, Tel. (09 41) 5 74 02.

Camping
• *Herrnsaal:* Siehe Tour 14. • *Kapfelberg:* Campingplatz, Bootsweg 3, Tel. (0 94 05) 53 35.
• *Poikam:* Campingplatz an der Donaulände, Tel. (0 94 05) 16 36 oder 44 31.
• *Regensburg:* Camping Azur, Am Weinweg 40, Tel. (09 41) 27 00 25.

Einkehrmöglichkeiten
In Kelheimwinzer, Kapfelberg, Bad Abbach, Oberndorf, Unteriading und Regensburg.

Auskunft
• 93077 Bad Abbach, Kurverwaltung im Kurhaus, Tel. (0 94 05) 15 55 oder 44 20.
• Regensburg: Touristik Information, Altes Rathaus, Tel. (09 41) 5 07 44 10;
Hotelauskunft, Tel. (09 41) 1 94 14.

Landkarten
ADFC-Radtourenkarte 1:150 000, Blatt 22 »Fränkische Alb – Altmühl«.

Abstecher: Von Regensburg in die Täler von Naab und Regen

20 Von Regensburg durch das Naabtal nach Burglengenfeld

Regensburg – Etterzhausen – Pielenhofen – Kallmünz – Burglengenfeld

Ausgangsort
Die »Steinerne Brücke« an der Altstadt in Regensburg. Regensburg liegt im Kreuzungspunkt mehrerer Autobahnen am nördlichsten Punkt der Donau. Bahnanschluß.

Zielpunkt
Das Stadtzentrum von Burglengenfeld.

Gesamttourenlänge
38 km.

Zeitbedarf
3 Stunden Fahrzeit.

Etappen
Regensburg – Etterzhausen: 11 km;
Etterzhausen – Pielenhofen: 8 km;
Pielenhofen – Kallmünz: 10 km;
Kallmünz – Burglengenfeld: 9 km.

Steigungen
Keine nennenswerten Steigungen.

Geländestruktur
Im Stadtgebiet von Regensburg entlang der Donau, dann durch das stille Tal der Naab.

Günstigste Jahreszeit
Vom Frühjahr bis in den Herbst.

Sehenswertes
• *Etterzhausen:* Kirche St. Wolfgang und Schloß. • *Pielenhofen:* Kloster mit Klosterkirche. • *Kallmünz:* Alter Ortskern und Burgruine. • *Burglengenfeld:* Historischer Stadtkern mit Rathaus, Kirche St. Vitus und Oberpfälzer Volkskundemuseum, Burg.

Wir beginnen die Radtour an der ***Steinernen Brücke*** in **Regensburg**. Kommt man von der Brücke, biegt man nach wenigen Metern rechts in die erste Straße. Wir folgen immer geradewegs der Straßenzeile, die nahe an der Donau nach Westen führt. Bald nimmt uns ein Radweg auf, der am Fluß entlang durch parkartiges Gelände führt. Nach sechs Kilometern erreichen wir nahe der Naabmündung eine Eisenbahnbrücke. Wir biegen kurz vor der Brücke nach links, halten uns danach rechts und radeln in einer Linksschleife steil zu den Gleisen hinauf. Am

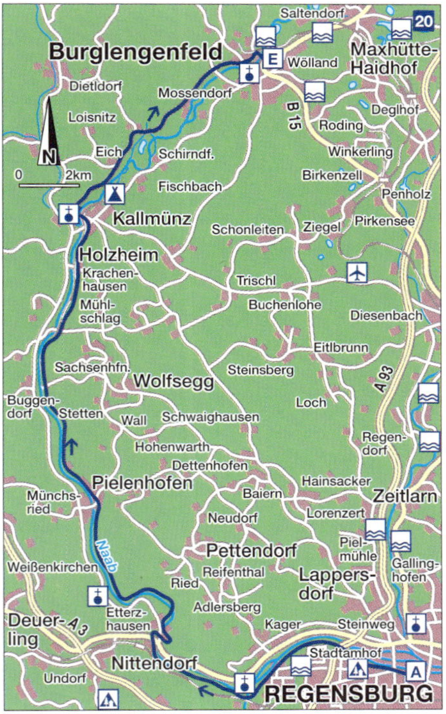

Nordufer müssen wir die Räder kurz zur barocken Wallfahrtskirche **Mariaort** hinabschieben.
Wir treffen auf eine schmale Teerstraße, auf der wir nach links radeln. Entlang der trägen Naab führt sie uns nach **Etterzhausen**. Wir radeln aufwärts durch den Ort und stoßen auf die Hauptstraße, auf der wir rechts die Naab überqueren. An der folgenden Kreuzung links und nach wenigen Metern in eine Seitenstraße, die uns zum Sportplatz leitet. Wir folgen ge-

Im dunklen Wasser der Naab spiegelt sich die Barock-Kirche des im 13. Jahrhunderts gegründeten Klosters von Pielenhofen.

Die Fahrt durch das Naabtal endet auf dem weiten Marktplatz von Burglengenfeld, über dem der Burgberg aufragt.

radewegs der schmalen Straße, die uns an der Naab entlang durch den Weiler **Deckelstein** und am Campingplatz in **Distelhausen** vorbei nach **Pielenhofen** führt. Jenseits der Naab ragt das 1240 gegründete *Zisterzienserinnen-Kloster* auf. Das Kloster und die reich ausgestattete Kirche wurden Anfang des 18. Jahrhunderts im barocken Stil erbaut.
Wir bleiben rechts der Naab, halten uns an der Weggabelung am Ortsrand links und folgen weiterhin dem Flußlauf. In **Kleinduggendorf** auf der Vorfahrtsstraße nach links und vor der Naabbrücke wieder nach rechts. Über die Weiler **Heitzenhofen** und **Krachenhausen** gelangen wir nach **Kallmünz**. Im Schutze der Burg konnte sich am Zusammenfluß von Vils und Naab das reizvolle Städtchen entwickeln. Die ältesten Teile der teilweise zerstörten *Burganlage* sind romanisch, die jüngeren entstanden bis in das 15. Jahrhundert. Die Stadtmauer zog sich einst vom Tal zur Burg hinauf.
Am Ortsrand biegen wir links in eine schmale Gasse, die uns zu einem herrlichen Rastplatz am Naabufer führt. Nach wenigen Metern links über ein Brückchen und vor zur Hauptstraße. Wir überqueren auf der alten, 1550 fertiggestellten Brücke die Naab und halten uns unter dem Burgfelsen rechts. Wir folgen jetzt der Hauptstraße, die über **Zaar** nach **Eich** führt. Dort wechseln wir geradewegs auf die Vorfahrtsstraße und folgen ihr bis zur Naabbrücke in Burglengenfeld. Nach der Brücke halten wir uns rechts und radeln hinauf zum großen Platz im Stadtzentrum von **Burglengenfeld**. Der Ort entwickelte sich im Schatten der mächtigen Burganlage und wurde ab 1505 neben Neuburg an der Donau zweite Residenz der Oberpfalz. Auf dem Burgberg überragen mehrere stattliche Türme aus dem 12. Jahrhundert die im gotischen Stil erweiterte *Burg* mit ihrer gut erhaltenen Ringmauer. Ein mit doppelter Mauer gesicherter Gang führt von dort zum *Stadtschloß* hinab. Am Marktplatz liegt das herrschaftliche, um 1600 erbaute *Rathaus*. Einen Besuch wert ist das in der »Großen Kanzlei« untergebrachte Oberpfälzer Volkskundemuseum.

Radreparatur
• *Krachenhausen* (kurz vor Kallmünz): Fahrradservice Pölz, Haus 7, Tel. (0 94 73) 15 46 oder 85 26.

Übernachtungen unterwegs
• *Etterzhausen:* Gasthof zur Post, Nürnberger Str. 17, Tel. (0 94 04) 43 34. • *Krachenhausen:* Gasthaus Birnthaler, Haus 2, Tel. (0 94 73) 5 76.
• *Kallmünz:* Gasthof Weißes Rößl, Alte Regensburger Str. 1, Tel. (0 94 73) 2 34; Gasthof zur Post, Vilsgasse 19, Tel. (0 94 73) 85 86; Gasthof zur Roten Amsel, Vilsgasse 46, Tel. (0 94 73) 2 93.
• *Kallmünz-Eich:* Gasthof Graf, Tel. (0 94 73) 2 52.
• *Burglengenfeld:* Hotel Gerstmeier, Berggasse 5-7, Tel. (0 94 71) 8 05 44; Gasthof Kammerer, Hauptstr. 16, Tel. (0 94 71) 59 42; Gasthof zum Burgblick, Naabgasse 7, Tel. (0 94 71) 62 01.

Camping
• *Pielenhofen-Distelhausen:* Campingplatz Naabtal, Tel. (0 94 09) 3 73 oder 14 27. • *Kallmünz-Zaar:* Jugendzeltplatz, Tel. (0 94 73) 14 66.

Einkehrmöglichkeiten
In Etterzhausen, Distelhausen, Pielenhofen, Krachenhausen, Kallmünz, Kallmünz-Eich, See und Burglengenfeld.

Auskunft
• 93152 Etterzhausen: Gemeindeverwaltung Nittendorf, Talstr. 9, Tel. (0 94 04) 20 24.
• 93183 Kallmünz: Verkehrsverein, Adolf-Kolping-Str. 1, Tel. (0 94 73) 82 61.
• Burglengenfeld: Fremdenverkehrsamt im Rathaus, Tel. (0 94 71) 7 01 80.

Landkarten
ADFC-Radtourenkarte 1:150 000, Blatt 22 »Fränkische Alb – Altmühl«.

21 Von Burglengenfeld durch das Regental zurück nach Regensburg

Burglengenfeld – Maxhütte-Haidhof – Leonberg – Ramspau – Regenstauf – Regendorf – Regensburg

Ausgangsort
Das Stadtzentrum von Burglengenfeld. Burglengenfeld liegt südlich von Schwandorf im Tal der Naab.

Zielpunkt
Die »Steinerne Brücke« in Regensburg.

Gesamttourenlänge
28 km

Zeitbedarf
3 Stunden Fahrzeit.

Etappen
Burglengenfeld – Leonberg: 7 km;
Leonberg – Ramspau: 4 km;
Ramspau – Regenstauf: 4 km;
Regenstauf – Regensburg: 13 km.

Steigungen
Mehrere Anstiege zwischen Burglengenfeld und Ramspau.

Geländestruktur
Bis Ramspau durch Hügelland, dann entlang des Regen flußab nach Regensburg.

Günstigste Jahreszeit
Vom Frühjahr bis in den Herbst.

Sehenswertes
• *Ramspau:* Schloß Ramspau. • *Regenstauf:* Marktplatz und Schloßberg Regenstauf. • *Regensburg:* Sehr viele Sehenswürdigkeiten, für die man mindestens einen Tag einplanen sollte – siehe Tour 19.

Vom Marktplatz in **Burglengenfeld** folgen wir kurz der B15, die über Regenstauf nach Regensburg führt. Nach wenigen hundert Metern biegen wir links auf die nach ***Maxhütte-Haidhof*** ausgeschilderte Straße. Rechter Hand nimmt uns ein Radweg auf, der bald nach rechts von der Straße wegschwenkt und uns vor das Gymnasium führt. Hier kurz nach rechts hinab und an der Kreuzung nach links. Wir radeln entlang der Straße über einen sanften Hügel und treffen auf eine Vorfahrtsstraße. Wir folgen dem Radweg nach links und erreichen nach einem Anstieg den Ortsrand von **Maxhütte-Haidhof**.
An dieser Stelle biegen wir rechts in die erste Straße und fahren geradeaus, bis wir auf eine Vorfahrtsstraße treffen. Auf ihr nach rechts in das nahe **Deglhofen**.

Wir biegen links ab und radeln geradeaus durch den Ort. Nun geradewegs abwärts, unter der Bahnlinie durch und steil aufwärts zur Kirche von **Leonberg**. Dort wenige Meter nach links zur Vorfahrtsstraße und auf ihr rechtshaltend um die Kirche herum. Rechter Hand steht der im Kern mittelalterliche Wohnturm, der um 1600 in ein Schloß integriert wurde.
Wir folgen der gewundenen Vorfahrtsstraße aus dem Ort und lassen die Räder geradewegs in das Tal hinabrollen. Nach der Autobahnunterführung folgt ein letzter Anstieg, ehe wir in das Tal des Regen hinabfahren. Am Fuße des Berges biegen wir rechts nach **Ramspau** und radeln an der Kirche und dem hübschen ***Barock-Schloß*** mit den vier Ecktürmchen vorbei geradewegs durch das Dorf. Wir folgen der Straße und biegen nach zwei Kilome-

Mittelpunkt und Glanzstück von Regensburg ist der zwischen 1270 und 1525 erbaute Dom St. Peter, die bedeutendste gotische Kirche in Bayern.

Das Fahrrad ist das ideale Verkehrsmittel, um die Plätze und engen Gassen der Regensburger Altstadt zu erkunden.

tern links in die *Spindelhofstraße* ein. Jetzt geradewegs bis zur B15 und an ihr entlang links über den Regen nach **Regenstauf**. Die B15 führt nach der Brücke rechts in das Stadtzentrum mit seinen Bürgerhäusern. Überragt wird die Stadt vom *Schloßberg*, auf dem im Mittelalter die Burg »Stouff am Reng« stand. Von ihr sind neben dem 90 Meter tiefen Burgbrunnen noch Mauerreste erhalten.
Wir biegen wenige Meter nach der Regenbrücke rechts in eine Nebenstraße und radeln geradeaus, bis wir vor dem Bahnhof rechts unter den Gleisen hindurchfahren. Geradeaus geht es nun zu einer schmalen Brücke über den Regen. Jenseits stoßen wir auf eine Straße, auf der wir nach links fahren. Wir folgen ihr, vorbei an **Regendorf**, bis zur Autobahnunterführung. Vor der Autobahn biegen wir links in einen Radweg, der uns am Ufer des Regen entlang nach **Regensburg** führt. Wir stoßen an der Regenbrücke auf eine Straße, auf die wir geradewegs überwechseln. Nach kurzer Fahrt treffen wir auf die breite *Frankenstraße*, auf der der Donauradweg links über den Regen nach Niederbayern führt. Wir fahren jedoch kurz nach rechts zur nächsten Ampel und überqueren die Frankenstraße. Jenseits beginnt die Straße, die uns in Kurven zur *Steinernen Brücke* führt. Über die für den allgemeinen Verkehr gesperrte Brücke radeln wir zur Regensburger Altstadt (siehe Tour 19).

Radverleih
In Regenstauf und Regensburg (Tour 19).

Radreparatur
• *Ramspau:* Fa. Rausch, Finkenweg 4, Tel. (0 94 02) 72 37. • *Regenstauf:* RadTriSport, Zur Mühle 1, Tel. (0 94 02) 91 82.
• *Regensburg:* Siehe Tour 19.

Übernachtungen unterwegs
• *Ramspau:* Gasthof Ramspauer Hof, Dorfstr. 5, Tel. (0 94 02) 45 60; Gasthof Kriegner, Alte Leonberger Str. 1, Tel. (0 94 02) 45 05; Pension Regental, Karlsteiner Str. 1, Tel. (0 94 02) 45 02.
• *Regenstauf:* Gasthaus Metzgerwirt, Hauptstr. 31, Tel. (0 94 02) 67 90; Gasthaus Schild, Hauptstr. 33, Tel. (0 94 02) 12 45; Gaststätte Regentalbad, Regentalstr. 13, Tel. (0 94 02) 23 60 oder 39 12.
• *Regensburg:* Große Auswahl an Hotels, Gasthöfen und Pensionen.

Einkehrmöglichkeiten
In Maxhütte-Haidhof, Leonberg, Ramspau, Regenstauf und Regensburg.

Auskunft
• 93128 Regenstauf, Verkehrsamt, Bahnhofstr. 15, Tel. (0 94 02) 50 90.
• Regensburg: Siehe Tour 19.

Landkarten
ADFC-Radtourenkarte 1:150 000, Blatt 22 »Fränkische Alb – Altmühl«.

22

Auf dem Donauradweg von Regensburg nach Passau

22 Von Regensburg nach Straubing

Regensburg – Donaustauf – Wörth – Pondorf – Kößnach – Straubing

Ausgangsort
Regensburg liegt im Kreuzungspunkt mehrerer Fernverkehrsstraßen am nördlichsten Punkt der Donau. Bahnanschluß.

Zielpunkt
Die Altstadt von Straubing. Rückkehrmöglichkeit von Straubing nach Regensburg mit der Bahn.

Gesamttourenlänge
57 km.

Zeitbedarf
5 Stunden Fahrzeit.

Etappen
Regensburg – Donaustauf: 13 km;
Donaustauf – Wörth: 21 km;
Wörth – Kößnach: 16 km;
Kößnach – Straubing: 7 km.

Steigungen
Keine nennenswerten Steigungen.

Geländestruktur
Entlang der träg dahinfließenden Donau durch das weit ausladende Tal.

Günstigste Jahreszeit
Vom Frühjahr bis in den Spätherbst.

Sehenswertes
· *Donaustauf:* Burgruine, Wallfahrtskirche St. Salvator und Walhalla. · *Wörth:* Schloß und Pfarrkirche. · *Straubing:* Altstadt mit Herzogschloß, Stadtturm, Kirchen und Museen.

Abstecher
Kurze Abstecher nach Donaustauf, zur Walhalla und nach Wörth möglich.

Wir beginnen die Tour an der ***Steinernen Brücke*** in **Regensburg**. Der Beschilderung des ***Donauradweges*** folgend radeln wir am Altstadtufer nach Osten und auf der nahen Brücke links über die Donau. Nach der Brücke geradeaus und über einen Steg zur ***Andreasstraße***. Auf ihr nach links, neben der Kirche St. Mang auf der Vorfahrtsstraße nach rechts und über

Von 1830 bis 1842 ließ König Ludwig I. über der Donau und den weiten Ebenen des niederbayerischen Gäubodens die Walhalla erbauen.

die Brücke zur ***Frankenstraße***. Auf dem Radweg fahren wir nach rechts und biegen nach der Regenbrücke rechts in die ***Holzgartenstraße***. Bald rechts ab in die schmale ***Bedelgasse*** und durch die Straßenunterführung. Über die ***Johannisstraße*** erreichen wir den ***Schwabelweiser Weg***. Nach einem kurzen Linksknick finden wir die Fortsetzung des Schwabelweiser Weges, auf der wir das Stadtgebiet verlassen. Nahe der Donau radeln wir unter der Autobrücke hindurch und dann am Ortsrand von **Schwabelweis** entlang. Der Radweg verläßt die schmale Straße und führt uns südlich um Tegernheim herum über stille Wirtschaftssträßchen zur neuen Donaubrücke. Hier ist ein kurzer Abstecher in das nahe **Donaustauf** möglich. Über der Stadt ragt die Ruine der ***Burg*** auf, deren Geschichte bis in das 10. Jahrhundert zurückverfolgt werden kann. Wer den Aufstieg auf sich nimmt, findet anschauliche Reste von romanischen Wehranlagen, Wohngebäuden und der Burgkapelle mit Resten um 1050 entstandener Wandmalereien.

Wir radeln unter der Brücke hindurch, erreichen die Hauptstraße und folgen dem Radweg nach rechts. Bald leitet uns eine kleine Unterführung zur anderen Straßenseite. Hier beginnt der steile Aufstiegsweg zur **Walhalla**, die über uns in hellem Marmor leuchtet. König Ludwig I. von Bayern ließ sie zwischen 1830 und 1842 durch Leo von Klenze nach dem Vorbild des antiken Parthenon erbauen. Als nationale Ruhmeshalle beherbergt sie die Büsten berühmter Deutscher.

Nach dem Abstecher fahren wir auf dem Radweg südlich an **Sulzbach** vorbei. Unter den Hängen des Scheuchenberges verläßt der ***Donauradweg*** die Hauptstraße und folgt dem Donaudamm. Vorbei an **Demling** geht es nach **Frengkofen**. Kurz vor dem Ort führt links ein Abstecher nach ***Bach***. In Bach findet man ebenso wie im nahen Kruckenberg die letzten altbayerischen Weinberge und einige gemütliche Weinstuben.

22 Von Regensburg nach Straubing

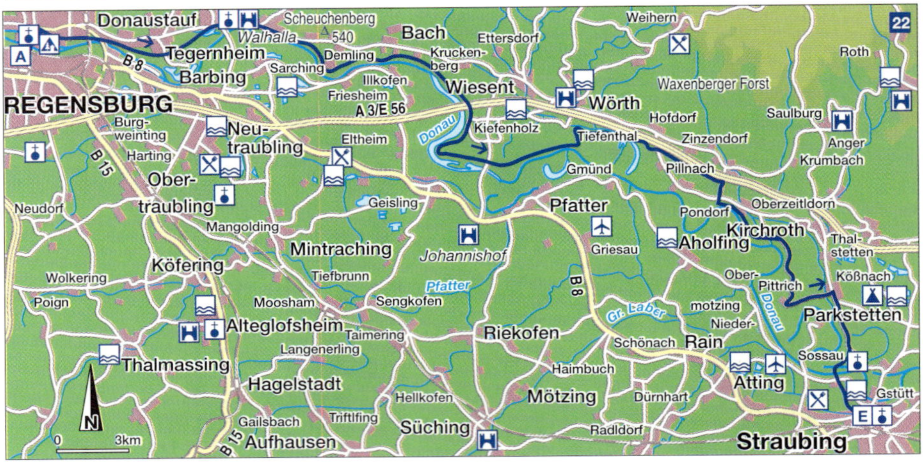

Von Frengkofen radeln wir durch das sich weitende Donautal in großen Bögen am Flußdamm entlang, bis wir südlich von Wörth ein Schöpfwerk erreichen. Noch etwa 500 Meter an der Donau entlang und nach der Alten Donau links in Richtung Wörth. Nach einem weiteren Kilometer muß man sich an der nächsten Kreuzung entscheiden. Nach links und an der folgenden Kreuzung rechts führt ein Abstecher nach **Wörth**, das vom *Schloß* der Regensburger Bischöfe überragt wird. Die Bauten rund um den romanischen Bergfried entstanden hauptsächlich im 16. und 17. Jahrhundert.

Wir folgen jedoch dem ***Donauradweg*** nach rechts und radeln dann links bis vor die Autobahn. Noch vor der Brücke nach rechts und entlang der Autobahn bis zu einer Kreuzung. Wir radeln gerade durch, halten uns an der nächsten Wegkreuzung links und überqueren geradewegs eine Vorfahrtsstraße. Nun geradeaus auf schmalem Sträßchen, bis wir an seinem Ende rechts nach **Pondorf** radeln. Geradewegs durch das Dorf und nach der Kirche links in eine Wirtschaftsstraße, die uns zur Donau bringt. Vor dem Damm radeln wir auf dem Schottersträßchen nach links. Es geht bald in eine schmale Teerstraße über, die uns über **Pittrich** nach **Kößnach** führt. Im Dorf radeln wir auf der Hauptstraße nach rechts und immer geradeaus, bis wir auf eine Hauptstraße treffen. Auf dem Radweg nach rechts und nach der Unterführung geradewegs nach **Sossau** hinein. Mittelpunkt des Dorfes ist die in feierlichem Barock ausgestattete ***Wallfahrtskirche*** mit gotischem Gnadenbild im Hochaltar.

Neben einer kleinen Brücke müssen wir uns entscheiden. Wer Straubing nicht besuchen möchte fährt geradeaus und trifft an der Agnes-Bernauer-Brücke auf die Fortsetzung des ***Donauradweges***. Wir radeln rechts über die Brücke und stoßen auf die neue ***Westtangente***. Ein Radweg führt uns an ihr entlang über die Donau und am Festplatz vorbei bis zur straubinger Innenstadt. Wir radeln einen kurzen Berg geradewegs aufwärts bis zur großen Kreuzung. Links zweigt der ***Theresienplatz*** ab, über den wir den im 14. Jahrhundert erbauten ***Stadtturm*** im Zentrum

Über dem weiten Platz im Zentrum der sehenswerten Altstadt von Straubing ragt der im 14. Jahrhundert errichtete Stadtturm auf.

von **Straubing** erreichen. Eine Anzahl stattlicher Kirchen und Bürgerhäuser zeugen vom Reichtum, den die Stadt im Herzen des fruchtbaren niederbayerischen Gäubodens seit ihrer Gründung im Jahre 1218 erwarb. Traurige Berühmtheit erlangte Straubing, als Herzog Ernst von Bayern hier 1435 Agnes Bernauer, die aus niederem Stand entstammende Gattin seines Sohnes, ertränken ließ. Neben dem im 14. Jahrhundert erbauten ***Rathaus*** mit einem schönen Laubenhof aus dem 16. Jahrhundert und dem an der Donaubrücke gelegenen ***Schloß*** aus dem 14. Jahrhundert sind in Straubing vor allem einige Kirchen sehenswert. In der großen gotischen Stadtpfarrkirche ***St. Jakob*** bestechen die herrliche Rokoko-Kanzel, die wertvollen Figuren und Bilder im Hochaltar und einige Glasfenster aus dem 15. Jahrhundert. Rund um das Kirchenschiff gruppieren sich reich ausgestattete Kapellen. In der Burggasse liegt die barocke ***Ursulinenkirche***, ein Werk der berühmten Asam-Brüder. Die ***Karmelitenkirche*** in der Albrechtsgasse besitzt einen der mächtigsten barocken Hochaltäre in Bayern und ein hervorragend gearbeitetes gotisches Grabmal. Am gleichnamigen mittelalterlichen Wehrfriedhof liegt die um 1200 erbaute ***Pfarrkirche St. Peter*** mit zwei eindrucksvollen romanischen Portalen. Im Friedhofsgelände sind drei gotische Kapellen von Interesse, darunter die 1435 von Herzog Ernst von Bayern als Sühne gestiftete ***Agnes-Bernauer-Kapelle*** mit der Grabplatte der schönen Baderstochter. In der Frauenhoferstraße ist in zwei barocken Adelshäusern das ***Gäubodenmuseum*** untergebracht, das neben geschichtlichen Funden und volkskundlichen Sammlungen einen 1950 nahe der Stadt entdeckten römischen Schatz zeigt.

Radverleih
In Straubing.

Radreparatur
• *Donaustauf:* J. Bradfisch, Prüllstr. 2, Tel. (0 94 03) 18 21. • *Wörth:* Fa. Probst, Ludwigstr. 1, Tel. (0 94 82) 9 03 03. • *Kößnach/Kirchroth:* J. Aumer, Bernauer Str. 20, Tel. (0 94 28) 2 26. • *Straubing:* J. Simmerl, Rosengasse 39, Tel. (0 94 21) 2 25 39; Radhaus Lang, Chamer Str. 36, Tel. (0 94 21) 8 83 53; Zweiradcenter Stadler, Chamer Str. 47, Tel. (0 94 21) 9 92 00; M. Fuchs, Steinergasse 15, Tel. (0 94 21) 1 27 73; M. Drexel, Innere Passauer Str. 32, Tel. (0 94 21) 8 03 34.

Übernachtungen unterwegs
• *Donaustauf:* Mehrere Hotels, Gasthöfe und Pensionen. • *Bach:* Gasthof zur Post, Hauptstr. 44, Tel. (0 94 03) 13 29. • *Wörth* (1 km abseits): Größere Auswahl an Gasthöfen und Pensionen. • *Hofdorf:* Gasthof Pflamminger, Dorfplatz 3, Tel. (0 94 82) 17 70. • *Kirchroth* (1,5 km abseits): Gasthaus zur Lacke, Tel. (0 94 28) 3 24; Gasthaus zur Post, Tel. (0 94 28) 3 32; Fr. Weiß, Tel. (0 94 28) 5 42. • *Kößnach:* J. Groß, Straubinger Str. 23, Tel. (0 94 28) 15 74. • *Straubing:* Große Auswahl an Hotels, Gasthöfen und Pensionen.

Preiswerte Unterkunft
• *Straubing:* Jugendherberge, Friedhofstr. 12, Tel. (0 94 21) 8 04 36.

Camping
• *Straubing:* Campingplatz Straubing, Wundermühlweg 9, Tel. (0 94 21) 1 29 12; Zeltplatz Kanuclub, Kagerser Hauptstr. 44, Tel. (0 94 21) 1 20 94.

Einkehrmöglichkeiten
In Donaustauf, Bach, Wörth, Hofdorf, Kößnach, Sossau, Straubing.

Auskunft
• 93093 Donaustauf: Marktverwaltung, Wörtherstr. 5, Tel. (0 94 03) 9 50 20. • 93086 Wörth: Verkehrsamt, Rathausplatz 1, Tel. (0 94 82) 9 40 30. • 94315 Straubing: Amt für Tourismus, Theresienplatz 20, Tel. (0 94 21) 94 43 07.

Landkarten
ADFC-Radtourenkarte 1:150 000, Blatt 23 »Bayerischer Wald – Donau«.

23 Von Straubing nach Deggendorf

Straubing – Reibersdorf – Bogen – Mariaposching – Deggendorf

Ausgangsort
Der Stadtturm in Straubing. Straubing liegt östlich von Regensburg im Tal der Donau. Bahnanschluß.

Zielpunkt
Das Stadtzentrum von Deggendorf. Rückkehrmöglichkeit von Deggendorf nach Straubing mit der Bahn.

Gesamttourenlänge
34 km.

Zeitbedarf
3 Stunden Fahrzeit.

Etappen
Straubing – Bogen: 11 km; Bogen – Mariaposching: 12 km; Mariaposching – Deggendorf: 11 km.

Steigungen
Keine nennenswerten Steigungen.

Geländestruktur
Durch das weite Tal der Donau.

Günstigste Jahreszeit
Vom Frühjahr bis in den Spätherbst.

Sehenswertes
• *Bogen:* Wallfahrtskirche und Heimatmuseum auf dem Bogensberg. • *Mariaposching:* Pfarrkirche. • *Loh-Wischlburg:* Wallfahrtskirche. • Bei *Offenberg-Neuhausen:* Schloß der Grafen Montfort und Schloß Himmelberg. • *Metten:* Kloster. • *Deggendorf:* Altstadt mit Altem Rathaus, Kirchen und Museen.

Varianten
Von Hofweinzier südlich der Donau über Loh-Wischlburg (Wallfahrtskirche) nach Stephansposching und mit der Fähre nach Mariaposching. Von Zeitldorf zu den Schlössern bei Offenberg-Neuhausen und zum Kloster Metten.

Den Luitpoldplatz im Zentrum von Deggendorf beherrschen das Rathaus und der Anfang des 17. Jahrhunderts erbaute Stadtturm.

Wir beginnen die Tour am Stadtturm im Zentrum von **Straubing**. Wir radeln über den ***Ludwigsplatz*** nach Osten zur Hauptstraße und auf ihr links zur Alten Donau hinab. Nach der ***Schloßbrücke*** rechts in eine Seitenstraße und im Bogen zur Hauptstraße zurück. Auf ihr fahren wir rechts über die ***Agnes-Bernauer-Brücke***, nach der wir rechts abbiegen. Geradewegs durch **Reibersdorf**, am Ortsende leicht rechts halten und nach der Alten Kinsach geradeaus am Damm entlang. Südlich ***Bogen*** knickt der Weg nach links und führt uns vor die Hauptstraße. Wir biegen rechts auf einen Radweg, der uns zur Ortsdurchfahrt in **Bogen** führt. Auf ihr rechts zum Stadtplatz und südöstlich aus dem Ort zur Umgehungsstraße. Am Fuße des Bogenberges radeln wir entlang der Hauptstraße nach **Hofweinzier**.

Links führt ein steiler Abstecher zum Bogenberg mit Wallfahrtskirche und Heimatmuseum hinauf. Eine Variante des Donauradweges führt von Hofweinzier rechts über die Donau und dann am Südufer zur herrlichen ***Rokoko-Wallfahrtskirche*** in **Loh-Wischlburg**. In **Stephansposching**, bzw. **Mariaposching** findet man dank der Fähre wieder Anschluß an den Hauptweg.
Der Hauptweg folgt von **Hofweinzier** dem Radweg entlang der Hauptstraße,

Der anstrengende Abstecher zur Wallfahrtskirche auf dem Bogenberg wird durch weite Ausblicke über die Donau und die Ebenen des Gäubodens belohnt.

bis wir rechts in das Dörfchen **Pfelling** abbiegen können. Am Ortsrand schwenkt der Weg rechts zum Donaudamm und bringt uns an der Donau entlang zur Fähre in **Mariaposching**. Wir bleiben weiterhin am Nordufer der Donau und radeln nach **Sommersdorf**. Auf der Straße geht es dann an **Kleinschwarzach** vorbei nach **Zeitldorf**. Hier zweigt links eine Alternativroute ab, die vorbei am Schloß der Grafen Montfort und dem Rokoko-Schloß Himmelberg nach **Metten** führt. Dort lockt das ***Benediktiner-Kloster*** mit seiner herrlichen Bibliothek. Von Metten geht es zurück zur nahen Hauptroute des *Donauradweges*.

Die Hauptroute folgt von **Zeitldorf** dem Radweg entlang der Hauptstraße in Richtung Deggendorf. 1,5 Kilometer nach der Autobahnunterführung in einigen Kurven über die Hauptstraße zur *Mettener Straße*. Auf ihr nach rechts und geradeaus in die Stadt, bis wir nach einer Bahnunterführung rechts in den *St.-Florian-Weg* einbiegen. Nach kurzer Fahrt wechseln wir geradewegs auf einen Radweg, dem wir bis zur Ampelkreuzung nahe der deggendorfer Stadthal e folgen. Links ab und dann rechtshaltend erreicht man das Stadtzentrum von **Deggendorf**. Den Luitpoldplatz mit dem *Marktbrunnen* von 1543 beherrschen das spätgotische *Rathaus* und der 1618 errichtete *Stadtturm*. Die gotische Heilig-Grab-Kirche mit barocker Fassade und Turm zeigt im Inneren eine Anzahl gotischer Altäre, Schnitzwerke und Bilder. Die *Kapelle St. Katharina* ist mit reichem Rokoko-Stuck und schönen Fresken ausgestattet. Am Rande der Altstadt zur Donau hin liegt die *Pfarrkirche Mariä Himmelfahrt* mit einem imposanten barocken Hochaltar. Neben der Kirche findet man die gotische Wasserkapelle, die ein romanisches Relief birgt.

Radverleih
In Deggendorf (Bundesbahn).

Radreparatur
• *Bogen:* Fahrrad Edenhofer, Stadtplatz 52, Tel. (0 94 22) 14 18. • *Deggendorf:* Fahrradshop, Untere Vorstadt 10, Tel. (09 91) 3 31 17; Zweirad Salmannsberger, Pferdemarkt 18, Tel. (09 91) 3 04 40; Zweirad Stiglmeier, Graflinger Str. 4, Tel. (09 91) 3 24 20.

Übernachtungen unterwegs
• *Reibersdorf:* Gasthof Winklmeier-Hof, Richtbrechtstr. 15, Tel. (0 94 21) 1 22 95; Pension Schaller, Richtbrechtstr. 19, Tel. (0 94 21) 1 01 57.
• *Bogen:* Mehrere Gasthöfe und Pensionen.
• *Pfelling:* Gasthof Selbitschka, Pfelling 21, Tel. (0 94 22) 21 78; Gasthaus zum Donauufer, Pfelling 15, Tel. (0 94 22) 23 06. • *Waltendorf:* Pension Bauernhof Plank, Waltendorf 19, Tel. (0 99 06) 4 92.
• *Loham* (1,5 km nördlich Mariaposching): Gasthaus Stöberl, Tel. (0 99 06) 2 01. • *Mariaposching:* P.Zimmermann, Stadtfeldstr. 26, Tel. (0 99 06) 2 47; .
• *Loh-Wischlburg:* Haus Steiner, Fehmbach 8, Tel. (0 99 35) 12 19. • *Kleinschwarzach:* W. Schreiber, Haus 1, Tel. (0 99 06) 8 79; L. Zitzelsberger, Haus 6, Tel. (0 99 06) 3 58. • *Zeitldorf:* H. Anspreiksch, Zeitldorf 5, Tel. (0 99 06) 7 03. • *Metten* (1 km abseits): Mehrere Gasthöfe und Pensionen. • *Deggendorf:* Größere Auswahl an Hotels und Gasthöfen.

Camping
• *Reibersdorf:* Camping Winkelmeier-Hof, Richtbrechtstr. 15, Tel. (0 94 21) 1 22 95.
• *Waltendorf:* Camping auf dem Bauernhof Fam. Plank, Waltendorf 19, Tel. (0 99 06) 4 92.
• *Kleinschwarzach:* Camping auf dem Bauernhof W. Schreiber, Haus 1, Tel. (0 99 06) 8 79.
• *Deggendorf:* Camping Donaustrandhaus, Eginger Str. 42, Tel. (09 91) 43 24.

Einkehrmöglichkeiten
In Reibersdorf, Bogen, Pfelling, Mariaposching, Metten und Deggendorf.

Auskunft
• 94327 Bogen: Verkehrsamt, Stadtplatz 56, Tel. (0 94 22) 5 05 19. • 94526 Metten: Rathaus, Krankenhausstr. 22, Tel. (09 91) 99 80 50.
• 94469 Deggendorf: Kultur- und Verkehrsamt, Oberer Stadtplatz 4, Tel. (09 91) 2 96 01 69.

Landkarten
ADFC-Radtourenkarte 1:150 000, Blatt 23 »Bayerischer Wald – Donau«.

24

24 Von Deggendorf nach Vilshofen

Deggendorf – Niederalteich – Winzer – Künzing – Pleinting – Vilshofen

Ausgangsort
Das Stadtzentrum von Deggendorf. Deggendorf liegt nördlich der Isarmündung in die Donau. Bahnanschluß.

Zielpunkt
Die Donaubrücke in Vilshofen. Rückkehrmöglichkeit von Vilshofen nach Deggendorf mit der Bahn.

Gesamttourenlänge
39 km.

Zeitbedarf
3,5 Stunden Fahrzeit.

Etappen
Deggendorf – Niederalteich: 10 km;
Niederalteich – Künzing: 19 km;
Künzing – Vilshofen: 10 km.

Steigungen
Keine nennenswerten Steigungen.

Geländestruktur
Durch das weite Donautal, das ab Pleinting zunehmend enger wird.

Günstigste Jahreszeit
Vom Frühjahr bis in den Spätherbst.

Sehenswertes
• *Niederalteich:* Kloster. • *Thundorf:* Kirche. • *Haardorf:* Kirche; • *Osterhofen-Altenmarkt:* Asam-Kirche. • *Künzing:* Römerkastell. • *Winzer:* Burgruine. • *Vilshofen:* Altstadt mit Stadtpfarrkirche und Stadtturm.

Varianten
In Niederalteich am Nordufer entlang und über Markt Winzer und Hofkirchen nach Vilshofen (Nordroute).

Abstecher
Zur Asamkirche in Osterhofen-Altenmarkt (4 km).

In **Deggendorf** beginnen wir an der Ampelkreuzung nahe der Stadthalle und radeln neben der Hauptstraße nach **Deggenau**. In der Ortsmitte rechts in den *Rittsteigweg* und nach der Bahnlinie links entlang der Gleise zur Autobahn. Nun entlang der Autobahn, vorbei an der hübschen Wallfahrtskirche in **Halbmeile** mit ländlichen Votivtafeln, bis man südlich von Seebach die Schnellstraße nach rechts überqueren kann. Entlang der Donau, vorbei an einem Badeweiher, radeln wir bis zur Fähre in **Niederalteich**. Linkshaltend erreicht man von hier das »Niederaltaich« geschriebene *Kloster* im Ortszentrum, das im Mittelalter zu den bedeutendsten in Bayern zählte. Nach einem Brand wurden 1718 Kloster und Basilika im barocken Stil wiederaufgebaut. Im ausladenden Kirchenschiff vereinigen sich die feine Stuckierung, die prunkvollen Fresken und die Altäre zu einem harmonisches Ganzen.
In **Niederalteich** überqueren wir mit der

Abseits von Hektik und Touristenströmen radeln wir entlang der träge dahinfließenden Donau durch die Ebenen Niederbayerns.

Radlerfähre die Donau und bleiben bis Vilshofen auf dem rechten Ufer. Vom Fähranleger radeln wir geradewegs in das nahe **Thundorf** und halten uns dort links. Wir folgen dem angenehmen Weg entlang der Donau und wechseln in **Aicha** auf die schmale Straße. Nach kurzer Fahrt erreichen wir **Mühlham**. Geradeaus führt ein Abstecher zur *Päpstlichen Basilika in Osterhofen*, die der Baumeister J. M. Fischer und die Gebrüder Asam zu einem barocken Gesamtkunstwerk von hohem Rang gemacht haben.

Kurz vor dem Ortsende von **Mühlham** biegen wir links in ein Sträßchen, das in einen Feldweg übergeht. Wir stoßen auf eine Straße und radeln links abwärts zum Donaudamm. Nach kurzer Fahrt links in eine schmale Teerstraße, die am Damm entlang läuft. Schräg links haltend über ei-

Das 731 gegründete Kloster Niederaltaich gilt als ältestes Benediktinerkloster in Bayern. Nach einem Brand entstand ab 1718 die herrliche Barock-Kirche.

ne schmale Vorfahrtsstraße und am Damm entlang unter der Straßenbrücke hindurch. Nach weiteren vier Kilometern schwenkt der Donauradweg vom Damm weg und leitet uns geradewegs über eine Kreuzung in den Weiler **Schnelldorf**. Geradeaus radeln wir jetzt durch **Gramling** und **Endlau** nach **Langkünzing**. Am Ortsende halten wir uns an der Kreuzung links und folgen dem Vorfahrtssträßchen, das uns nach einem Rechtsknick nach **Künzing** führt. Wir fahren geradeaus durch den Ort, überqueren die Hauptstraße und bald linkshaltend die Bahnlinie. Nach den Gleisen biegen wir in die Straße zur Linken und halten uns an der folgenden Wegkreuzung wieder links. An dieser Stelle geradeaus, bis wir am Ortsrand von **Pleinting** neben der Bahnlinie unter einer Brücke durchfahren. Nach einem Rechtsschwenk biegen wir in die erste Straße links. Sie knickt nach wenigen Metern nach links und führt uns zu einer Vorfahrtsstraße. Auf ihr links abwärts zum Bahnhof. Wir bleiben rechts der Gleise und radeln auf der bald für den allgemeinen Verkehr gesperrten Straße bis nach **Vilshofen**. Wir treffen auf eine Vorfahrtsstraße, die uns links unter der Bahnlinie durch zur Hauptstraße hinabbringt. Auf ihr rechts zum ***Stadttor*** von 1647, einem Rest der alten Stadtbefestigung, durch das wir in die Altstadt radeln. Eine geschlossene Zeile alter Bürgerhäuser säumt beiderseits die langgezogene Hauptgasse des 1206 zur Stadt erhobenen Vilshofen. Die im Kern gotische ***Pfarrkirche***, die nach dem Stadtbrand von 1794 neu aufgebaut wurde, enthält im Inneren die aus zwei aufgelassenen Klöstern übernommene barocke Ausstattung. Die 1726 geweihte ***Wallfahrtskirche Mariahilf*** überzeugt mit feinem Stuck, schönen Deckenfresken und einem prächtigen Hochaltar.

Radreparatur

• *Winzer:* H. Sandner, Tel. (0 99 01) 65 48. • *Vilshofen:* M. Würdinger, Obere Vorstadt 18-20, Tel. (0 85 41) 91 07 10; Spielwaren Gierster, Vilsvorstadt 11,Tel. (0 85 41) 39 79.

Übernachtungen unterwegs

• *Niederalteich:* Mehrere Pensionen. • *Hengersberg* (2 km nördlich Niederalteich): Mehrere Gasthöfe und Pensionen. • *Osterhofen* (Südroute): Mehrere Hotels, Gasthöfe und Pensionen. • *Künzing:* Gasthaus Miedl, Untere Römerstr. 82, Tel. (0 85 49) 6 37; Pension M. Greiner, Vilshofener Str. 2, Tel. (0 85 49) 80 76; Pension H. Zacher: Badstr. 3, Tel. (0 85 49) 5 03. • *Pleinting:* Gasthof Drei Mohren, Hauptstr. 36, Tel. (0 85 49) 3 47; Gasthof Baumgartner, Hauptstr. 32 (Tel. 0 85 49) 3 20. • *Winzer* (Nordroute): Mehrere Gasthöfe und Pensionen. • *Hofkirch* (Nordroute): Mehrere Gasthöfe und Pensionen. • *Vilshofen:* Parkhotel, Furtgasse 2, Tel. (0 85 41) 80 37; Gasthof Wolferstetterbräu, Stadtplatz 14, Tel. (0 85 41) 72 30; Hotel Bayerischer Hof, Vilsvorstadt 29, Tel. (0 85 41) 50 65; Pension Wagner, Kapuzinerstr. 54, Tel. (0 85 41) 55 11.

Camping

• *Niederalteich:* Campingmöglichkeit an der Pension J. Ehrnböck, Hengersberger Str. 2, Tel. (0 99 01) 15 79. • *Osterhofen-Roßfelden* (1 km südlich der Donaubrücke bei Winzer): Camping auf dem Bauernhof J. Meier, Roßfelden 1, Tel. (0 99 32) 22 76.

Einkehrmöglichkeiten

In Niederalteich, Thundorf, Mühlham, Osterhofen, Künzing, Pleinting, Winzer, Hofkirch und Vilshofen.

Auskunft

• 94557 Niederalteich: Verkehrsamt im Rathaus, Tel. (0 99 01) 66 55. • 94491 Hengersberg: Verkehrsamt im Rathaus, Tel. (0 99 01) 8 43. • 94486 Osterhofen (Südroute): Kultur- und Verkehrsamt, Stadtplatz 13, Tel. (0 99 32) 40 30 oder 40 31 15. • 94577 Winzer (Nordroute): Verkehrsamt, Tel. (0 99 01) 8 43. • 94544 Hofkirch (Nordroute): Verkehrsamt, Rathausplatz 1, Tel. (0 85 45) 14 05. • 94474 Vilshofen: Touristik-Information, Stadtplatz 29, Tel. (0 85 41) 2 08 16.

Landkarten

ADFC-Radtourenkarte 1:150 000, Blatt 23 »Bayerischer Wald – Donau«.

25 Von Vilshofen nach Passau

Vilshofen – Windorf – Gaishofen – Schalding – Passau

Ausgangsort
Die Donaubrücke in Vilshofen. Vilshofen liegt westlich von Passau an der Mündung der Vils in die Donau. Bahnanschluß.

Zielpunkt
Die Altstadt von Passau. Rückkehrmöglichkeit von Passau nach Vilshofen mit der Bahn.

Gesamttourenlänge
23 km.

Zeitbedarf
2 Stunden Fahrzeit.

Etappen
Vilshofen – Windorf: 4 km;
Windorf – Gaishofen: 7 km;
Gaishofen – Passau: 12 km.

Steigungen
Keine nennenswerten Steigungen.

Geländestruktur
Durch das zu beiden Seiten von Hängen eingeschnürte Donautal.

Günstigste Jahreszeit
Vom Frühjahr bis in den Spätherbst.

Sehenswertes
• *Passau:* Altstadt mit Dom, Kirchen, Rathaus, Museen, Veste Oberhaus und Wasserburg Niederhaus.

Variante
Von Vilshofen bis zur Fähre Sandbach am Donau-Südufer.

In **Vilshofen** überqueren wir auf der Donaubrücke den Fluß. Nach dem Flugplatz biegen wir rechts ein und fahren auf dem Radweg nach **Windorf**. Wir folgen der Hauptstraße durch den Ort. Teils auf der Straße, teils auf Radwegen geht es in leichtem Auf und Ab am linken Donauufer entlang. Vor Gaishofen schwenken wir von der Hauptstraße rechts zum Donauufer hinab und radeln auf ruhiger Strecke südlich an **Gaishofen** und **Irring** vorbei. Nach **Schalding** geht es hinauf zur Hauptstraße und über die Gaißa. Der Weg wechselt auf die linke Seite der vielbefahrenen Straße.

Wir treffen auf eine vorfahrtsberechtigte Straße, der wir nach links folgen. Über **Donauhof** und **Wörth** führt sie uns wieder zur Hauptstraße zurück. Am Ortsrand von **Maierhof** wechseln wir die Straßenseite. Nach einigen hundert Metern können wir am Kraftwerk die Donau überqueren (Rad-Ww. *Passau*). Die Beschilderung des *Donauradweges* führt uns jedoch noch kurz links der Donau entlang und leitet uns dann auf der neu erbauten Straßenbrücke über den Fluß. Gemeinsam führen dann beide Varianten auf dem Radweg rechts der B8 durch die Vororte nach **Passau**. In der Nähe des Bahnhofes bringt uns eine Radler-Unterführung links an das Ufer der Donau, dem wir bis zum Rathaus am Rand der *Passauer Altstadt* folgen.

Die unvergleichliche Lage am Zusammenfluß von Donau, Inn und Ilz nutzten schon die Kelten für ihre Siedlung Baiodurum. Das römische »Kastell der Bataver« gab der Stadt ihren Namen. 739 machte Bonifatius Passau zum Bischofssitz, von dem aus das Gebiet bis Ungarn missioniert wurde. Dank der Flußschiffahrt und der nach Prag führenden Handelsstraße, der »Goldenen Steige«, kam die Stadt im Mittelalter zu großen Reichtümern. Gegen das erstarkende Bürgertum setzten die Bischöfe ab dem 13. Jahrhundert die Veste Oberhaus, in der heute mehrere Museen untergebracht sind. Im 14. Jahrhundert entstand auf der unterhalb gelege-

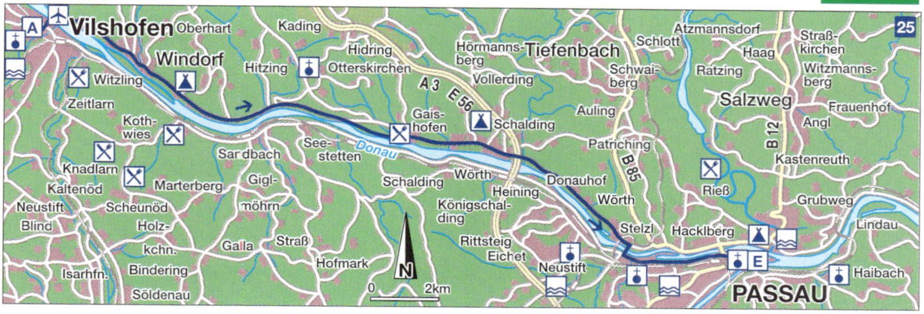

nen Landzunge zwischen Ilz und Donau die Veste Niederhaus. Im 17. Jahrhundert vernichteten zwei Brände weite Stadtgebiete. Der Wiederaufbau gab der Altstadt ihr barockes Aussehen. Wichtigstes Bauwerk ist der ***Dom St. Stephan***, die größte Barock-Kirche nördlich der Alpen. Nur im Chor und im Querhaus blieb die gotische Vorgängerkirche erhalten. Die Fassade wurde nach dem Vorbild des Salzburger Doms gestaltet, und der barocke Innenraum ist mit schwerem Stuck und gewagten Fresken ausgeschmückt. Neben den wertvollen Altären und einer herrlichen Kanzel besitzt der Dom die größte Kirchenorgel der Welt, die über 17388 Pfeifen und 231 Register

Die Altstadtgassen rund um den Dom von Passau sind von den nach den schweren Bränden im 17. Jahrhundert errichteten barocken Gebäuden geprägt.

Von der Innstadt aus richtet sich der Blick auf die Altstadt von Passau mit dem mächtigen Dom und der Heilig-Kreuz-Kirche. Im Hintergrund ragt die Veste Oberhaus empor.

verfügt. Am Residenzplatz hinter dem Dom zeigt die ***Neue Residenz*** ihre barocke Fassade. Im Inneren ein schönes Rokoko-Treppenhaus und das Domschatz- und Diözesanmuseum. Die nahe ***Alte Residenz*** ist ein im Kern gotischer Bau, der im Stil des Barock neu gestaltet wurde. Die ***Heilig-Kreuz-Kirche*** nahe der Spitze der Landzunge, die Donau und Inn bilden, gehörte zum ehemals einflußreichen Kloster Niedernburg. An die romanische, um 1010 erbaute Kirche, ist ein gotischer Chor angefügt. In der gotischen ***Parzkapelle*** findet man neben anderen Gräbern das der um 1060 gestorbenen ungarischen Königin Gisela. Die nahe, Ende des 17. Jahrhunderts erbaute ***Jesuitenkirche St. Michael*** ist mit feinem Barock-Stuck und einer prächtigen Kanzel ausgestattet. Am Donauufer liegt am Rathausplatz das ***Alte Rathaus*** aus dem 14. Jahrhundert und ein Glasmuseum. In der Innstadt, am rechten Innufer, steht die heutige ***Friedhofskirche St. Severin***. Teile des Mauerwerks dieser ältesten Kirche Passaus reichen bis in das 8. Jahrhundert zurück. Die Severinskapelle soll die Klosterzelle sein, in der Severin, der erste Missionar Passaus, im 5. Jahrhundert lebte. Ebenfalls in der Innenstadt liegt das Römermuseum im ***Kastell Boiotro*** mit einer Ausstellung zur frühen Geschichte.

Radverleih
In Passau (Bundesbahn)

Radreparatur
• *Passau:* Fahrrad König, Lindental 5, Tel. (08 51) 3 43 88.

Übernachtungen unterwegs
• *Windorf:* Mehrere Gasthöfe und Pensionen. • *Sandbach* (Südroute, Fähre): Gasthaus Kuffner, Sandbacher Str. 41, Tel. (0 85 48) 2 40; Gasthof Kuffner, Sandbacher Str. 58, Tel. (0 85 48) 2 37. • *Besensandbach:* Privatquartier Simon, Tel. (0 85 46) 14 82. • *Gaishofen:* Gasthaus H. Endl, Nibelungenstr. 15, Tel. (0 85 46) 3 22; Pension G. Bauer, Fischerstr. 21, Tel. (0 85 46) 25 08; Pension S. Wagner, Fischerstr. 15, Tel. (0 85 46) 25 00. • *Schalding:* Pension H. Weinzierl, Minihofstr. 5, Tel. (0 85 46) 3 93; W. Fredl, Minihofstr. 5a, Tel. (0 85 46) 6 01. • Passau: Große Auswahl an Hotels, Gasthöfen und Pensionen.

Preiswerte Unterkunft
• *Passau:* Jugendherberge, Veste Oberhaus 125, Tel. (08 51) 4 13 51.

Camping
• *Irring* (1 km westlich Schalding): Dreiflüsse-Camping, Tel. (0 85 46) 6 33. • *Passau:* Zeltplatz des TV Passau, Halser Str. 34, Tel. (08 51) 4 14 57.

Einkehrmöglichkeiten
In Windorf, Sandbach (Südroute, Fähre), Gaishofen, Schalding und Passau.

Auskunft
• 94575 Windorf: Verkehrsamt am Marktplatz, Tel. (0 85 41) 96 26 40.
• 94032 Passau: Tourist Information, Rathausplatz 3, Tel. (08 51) 95 59 80.

Landkarten
ADFC-Radtourenkarte 1:150 000, Blatt 23 »Bayerischer Wald – Donau«.

Abstecher: Auf dem Labertalradweg nach Landshut und zum Isarradweg

26 Von Straubing nach Neufahrn in Niederbayern

Straubing – Radldorf – Geiselhöring – Mallersdorf – Neufahrn / Niederbayern

Ausgangsort
Die Altstadt von Straubing. Straubing liegt östlich von Regensburg im Donautal. Bahnanschluß.

Zielpunkt
Neufahrn in Niederbayern. Rückkehrmöglichkeit von Neufahrn i. N. nach Straubing mit der Bahn.

Gesamttourenlänge
38 km.

Zeitbedarf
3,5 Stunden Fahrzeit.

Etappen
Straubing – Geiselhöring: 18 km; Geiselhöring – Mallersdorf: 13 km; Mallersdorf – Neufahrn i. N.: 7 km.

Steigungen
Keine nennenswerten Steigungen.

Geländestruktur
Durch das weite Tal der Kleinen Laber flußauf.

Günstigste Jahreszeit
Vom Frühjahr bis in den Spätherbst.

Sehenswertes
- *Straubing:* Siehe Tour 22.
- *Geiselhöring:* Altstadt mit Rathaus.
- *Mallersdorf:* Kloster mit Klosterkirche.
- *Neufahrn i. N.:* Schloß.

Durch ein fein gearbeitetes romanisches Portal betritt man die barock ausgestattete Klosterkirche in Mallersdorf.

Vom Stadtturm im Zentrum von **Straubing** radeln wir über den *Theresienplatz* bis zur großen Kreuzung am Ende des Stadtplatzes. Hier rechts den Berg hinab und an der nächsten Ampel links in die *Frauenbrünnlstraße*. An der Weggabelung halten wir uns links und fahren dann parallel zur Regensburger Straße durch den *Stadtpark*. Nach dem Tierpark leitet uns eine Unterführung auf die linke Seite der Bundesstraße. Nach zwei Kilometern wechseln wir rechts nach **Rinkam**, radeln auf der Ortsdurchfahrt nach links und folgen dann linkshaltend der Straße nach **Atting**. Geradewegs durch das Dorf bis

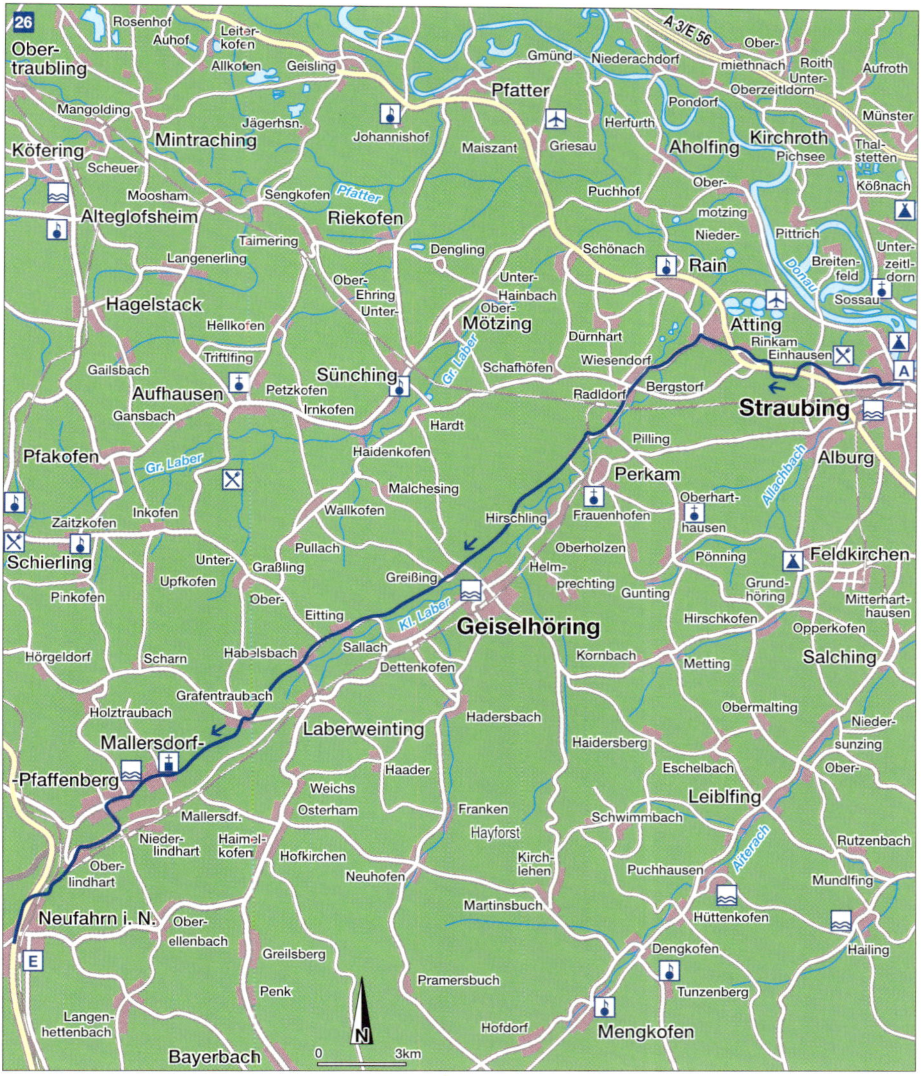

zu einer Vorfahrtsstraße. Auf ihr radeln wir entlang der Kleinen Laber links nach **Wiesendorf**. Bei den ersten Häusern halten wir uns links und stoßen in **Radldorf** auf eine Vorfahrtsstraße, auf die wir rechts einbiegen.

Nach kurzer Fahrt geht es links ab, wir queren die Gleise und radeln geradewegs durch das Neubaugebiet von **Pilling**. Nach der Siedlung rechts und unter der Bahnlinie hindurch. Knapp einen Kilometer nach der Bahnunterführung biegen

Bei Geiselhöring schlängelt sich die Kleine Laber in unzähligen Windungen durch ein sanftes, beschauliches Wiesental.

wir scharf rechts in eine schmale Straße, halten uns an einer folgenden Weggabelung wieder rechts und fahren immer geradeaus, bis wir auf eine Vorfahrtsstraße stoßen. Links führt auf der Hauptstraße ein Abstecher über die Kleine Laber in das ein Kilometer entfernte **Geiselhöring**. Im Zentrum des alten Marktortes stehen neben dem ***Rathaus*** von 1525 noch weitere alte Bürgerhäuser. Die ***Pfarrkirche*** ist ein großzügiger Barock-Bau mit wertvollen Fresken und Altarblättern.

Der Labertalradweg quert die Vorfahrtsstraße und führt uns in das nahe Dörfchen **Greißing**. Wir radeln geradewegs durch den Ort und dann auf ruhiger Nebenstraße entlang der Kleinen Laber nach **Eitting**. Nach dem Dörfchen wechseln wir geradewegs auf eine Vorfahrtsstraße, die uns nach **Habelsbach** bringt. Am Ortsrand rechts auf eine Nebenstraße und vor den letzten Häusern linkshaltend in einen Wirtschaftsweg. Auf ihm zu einer Vorfahrtsstraße und rechts zu einer Kreuzung im Ortszentrum von **Grafentraubach**. Wir biegen links in die nach Mallersdorf ausgeschilderte Straße. Am Ortsende rechts in ein schmales Sträßchen und geradewegs unter dem riesigen Kloster vorbei in das Zentrum von **Mallersdorf**. Rechts führt ein kurzer, steiler Berg zum 1107 gegründeten ***Kloster Mallersdorf*** hinauf. Die Türme und das mit Figuren verzierte romanische Portal stammen von einem 1265 vollendeten Bau. Das Innere des Gotteshauses besticht durch seine reiche spätbarocke Ausstattung mit schönem Stuck, vielfarbigen Fresken, phantasievollen Seitenaltären und dem Hochaltar mit Figuren von Ignaz Günther. Wir wechseln in Mallersdorf geradewegs auf die Hauptstraße, der wir in das nahe **Pfaffenberg** folgen. Am Marktplatz halten wir uns links und biegen nahe der malerischen Barock-Kirche am Ortsrand von **Niederlindhart** rechts nach **Oberlindhart**. Wir radeln auf der Vorfahrtsstraße geradewegs durch den Ort, queren die Bahnlinie und erreichen den Ortsrand von **Neufahrn i. N.** Bevor die Bahnlinie ein weiteres Mal gequert wird, zeigen die Schilder des Isar-Laber-Radweges nach links. Dieser Weg führt in einigem Auf und Ab durch Neubaugebiete am Ortsrand. Wer in Neufahrn nächtigen möchte, überquert besser die Gleise und radelt dann linkshaltend entlang der Hauptstraße in das Ortszentrum.

Radverleih
In Neufahrn in Niederbayern

Radreparatur
• *Straubing:* Siehe Tour 22. • *Geiselhöring:* Zweirad Scherm, Regensburger Str. 14, Tel (0 94 23) 5 06; Zweirad Spanfellner, Landshuter Str. 18, Tel. (0 94 23) 6 93; Zweirad Stern, Bahnhofstr. 3, Tel. (0 94 23) 90 22 14. • *Mallersdorf-Pfaffenberg:* Fa. Rauch, Straubinger Str. 12, Tel. (0 87 72) 2 67. • *Neufahrn i. N.:* Radsport Nöthling, Rottenburger Str. 11, Tel. (0 87 73) 96 03 17.

Übernachtungen unterwegs
• *Geiselhöring:* Mehrere Gasthöfe. • *Grafentraubach:* Gasthof Littich, Haus 16, Tel. (0 87 72) 3 48. • *Mallersdorf-Pfaffenberg:* Gasthof Erl-Bräu, Marktstr. 6, Tel. (0 87 72) 53 41. • *Neufahrn i. N.:* Schloß Neufahrn, Schloßweg 2, Tel. (0 87 73) 70 90; Gasthof Ramsauer, Hauptstr. 70, Tel. (0 87 73) 2 80.

Einkehrmöglichkeiten
In Geiselhöring, Grafentraubach, Mallersdorf-Pfaffenberg und Neufahrn.

Auskunft
• 94315 Straubing: Siehe Tour 22. • 94333 Geiselhöring: Stadtverwaltung: Tel. (0 94 23) 9 40 00. • 84066 Mallersdorf-Pfaffenberg: Marktverwaltung, Tel. (0 87 72) 80 70.

Landkarten
ADFC-Radtourenkarte 1:150 000, Blatt 23 »Bayerischer Wald – Donau«.

27 Von Neufahrn in Niederbayern nach Landshut

Neufahrn i. N. – Markt Ergoldsbach – Mirskofen – Altheim – Landshut

Ausgangsort
Neufahrn in Niederbayern liegt nördlich von Landshut im Tal der Kleinen Laber. Von Neufahrn i. N. gute Bahnverbindung nach Landshut.

Zielpunkt
Das Stadtzentrum von Landshut. Rückkehrmöglichkeit von Landshut nach Neufahrn i. N. mit der Bahn.

Gesamttourenlänge
31 km.

Zeitbedarf
3 Stunden Fahrzeit.

Etappen
Neufahrn i. N. – Markt Ergoldsbach: 6 km; Markt Ergoldsbach – Ergolding: 18 km; Ergolding – Landshut: 7 km.

Steigungen
Nach Markt Ergoldsbach zwei Anstiege über jeweils etwa 50 Höhenmeter.

Geländestruktur
Über den sanftgewellten Hügelkamm, der das Tal der Kleinen Laber vom Isartal trennt.

Günstigste Jahreszeit
Vom Frühjahr bis in den Herbst.

Sehenswertes
• *Landshut:* Altstadt mit Kirchen, Stadtresidenz, Rathaus und Burg Trausnitz.

Wir fahren im Ortszentrum von **Neufahrn i. N.** unter der Bahnlinie hindurch, anschließend wenige Meter bergauf, und dann treffen wir auf den *Isar-Laber-Radweg*. Die Schilder leiten uns in die zweite Straße, die rechts abgeht. Wir folgen der kurvigen Vorfahrtsstraße aus dem Ort und radeln dann am linken Talrand nach **Jellenkofen**. Noch vor Markt Ergoldsbach biegen wir rechts in ein Sträßchen ein, das uns unter den Gleisen hindurch zur Hauptstraße führt. Auf ihr kurz nach links und dann rechts in eine Seitenstraße. Vor der Bahnlinie halten wir uns rechts und radeln am Bahnhof vorbei durch **Markt Ergoldsbach**.

Wir finden rechts die *Dörnbachstraße*, die uns ansteigend aus dem Ort führt. Noch bevor wir den Weiler Oberdörnbach erreichen, biegen wir links ab und fahren nach einem steilen Anstieg nach **Kläham** hinab. Im Ort dem Vorfahrtssträßchen folgend bis zur Hauptstraße und auf ihr kurz nach rechts. Am Ortsende finden wir links eine schmale Straße, die uns auf einen Hügelkamm hinaufführt. Oben halten wir uns links, fahren am Weiler **Buch** vorbei und lassen die Räder nach **Artlkofen** rollen. Auf dem Hauptsträßchen rechtshaltend durch das Dorf und nach dem Ortsende geradewegs auf eine Vorfahrtsstraße, der wir über **Ginglkofen** nach **Mirskofen** folgen. Auf der Hauptstraße radeln wir durch den Ort und folgen ihr bis wenige Meter vor der B15. Hier rechts in das nach Altheim ausgeschilderte Sträßchen und rechts der Bundesstraße bis zur großen Genossenschaftsbrennerei. Wenige Meter davor sollte man jedoch nicht den Abzweig nach rechts verpassen, der zur nahen ***St.-Andreas-Kirche*** führt. In stiller Abgeschiedenheit liegt das im Kern romanische Gotteshaus, das im gotischen Stil verändert wurde. Im Inneren findet man spätgotische Fresken, die die Wände nahezu vollständig bedecken.

Von der Brennerei am Ortsrand von **Altheim** folgen wir rechts auf einem Parallelsträßchen der Bundesstraße. Es führt bei der Anschlußstelle Landshut-Essenbach unter der A92 hindurch und bringt uns zum Ortsrand von **Ergolding**. Dort halten wir uns links und folgen dem Sträßchen, das die Eisenbahnlinie und die autobahnähnlich ausgebaute B15 quert. Es führt uns bis zum Isardamm. Über eine nahe Treppe kann man hier zur Dammkrone aufsteigen und dann rechts, flußaufwärts mit schönem Blick auf den Isarstausee nach Landshut radeln. Bequemer ist der Weg, der noch vor dem Damm nach rechts führt. Beide Varianten treffen im Landshuter Ortsteil **Piflas** wieder zusammen.

Wir wechseln geradewegs auf eine Teerstraße und queren die Bundesstraße. Wenige Meter weiter schwenkt die Straße rechts in ein Wohngebiet. Bei nächster Gelegenheit halten wir uns links und folgen dem kurvigen Sträßchen bis an den Rand der Flußaue. Wir biegen links auf einen Teerweg, der uns über die schmale Pfettrach führt. Nach einem kurzen Anstieg halten wir uns rechts und biegen an der nächsten Kreuzung nach links. Jetzt radeln wir geradewegs über den Isar-Seitenarm und dann geradeaus bis zum Nordufer der Isar. Wir folgen dem ***Isarradweg*** rechts in Richtung Stadtmitte, bis wir am Rand der Altstadt auf einem Wehr den Fluß überqueren und rechts zur gotischen Heilig-Geist-Kirche radeln.

Links führt uns die herrliche, ***»Altstadt«*** genannte Straße, die als schönster mittelalterlicher Straßenzug in Deutschland gilt, in das Herz der alten bayerischen Residenzstadt **Landshut**. Hier hatte Ludwig der Reiche 1475 für seinen Sohn die aufwendige ***Landshuter Fürstenhochzeit*** ausgerichtet, die in Erinnerung an dieses aufwendige Fest alle vier Jahre nachgestellt wird. Vorbei an stattlichen Bürgerhäusern und dem mittelalterlichen ***Rathaus*** mit Prunksaal zieht die Altstadt zum riesigen ***Münster***, das als eine der bedeu-

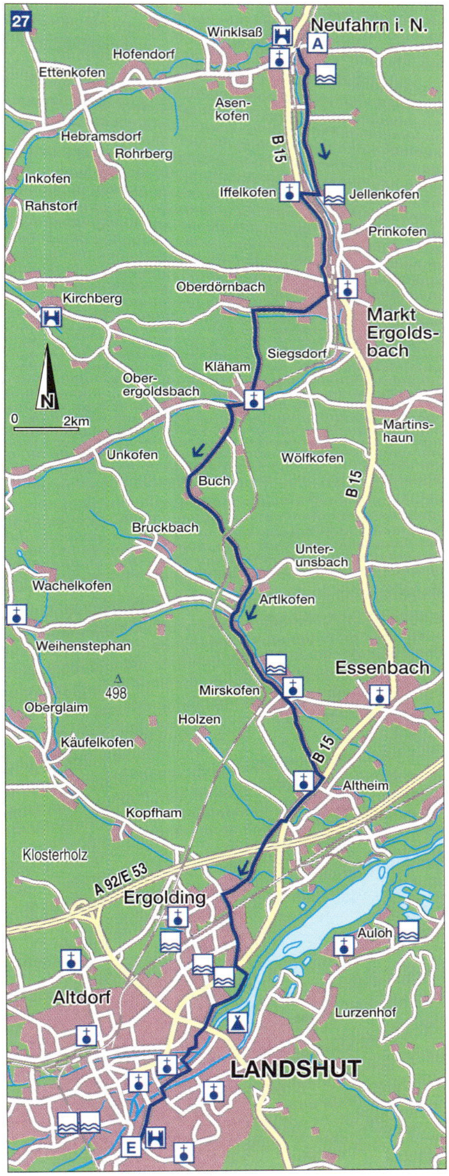

tendsten spätgotischen Kirchen gilt. Ihr 131 Meter hoher Turm ist das höchste Backsteinbauwerk weltweit. Fünf Portale mit reichem Figurenschmuck leiten in das Innere. Dort findet man die wertvolle, überlebensgroße spätgotische ***Landshuter Madonna***. Hervorragende Kunstwerke im spätgotischen Stil sind außerdem der Hochaltar, die Kanzel, das Chorgestühl, das große Kruzifix und eine Anzahl von Grabmälern in den Seitenkapellen.

Zwischen Altstadt und der nahezu parallel verlaufenden Neustadt liegt die Mitte des 16. Jahrhunderts erbaute ***Stadtresidenz***. Um einen Hof gruppieren sich die im Stil der Renaissance errichteten Gebäude dieses einzigen Palazzos nördlich der Alpen. Der mit prächtigen Fresken ausgeschmückte Italienische Saal bildet den Höhepunkt der reich ausgestatteten Räume. In der Stadtresidenz ist das ***Stadtmuseum*** untergebracht. Im Süden der Neustadt liegt die ***Barock-Kirche St. Ignatius*** mit herrlichem Stuck und wertvollem Hochaltar. Die im 18. Jahrhundert umgebaute ***Kirche St. Blasius*** ist von J. B. Zimmermann mit hervorragendem Stuck und einem großen Freskenzyklus ausgestattet worden. Jenseits der Isar liegt das ***Zisterzienserinnen-Kloster Seligenthal*** mit prächtiger Barock-Kirche, die wertvolle gotische Altäre beherbergt. Über der Altstadt thront die mächtige, ab 1204 er-

Am rechten Ufer der Isar liegt die Altstadt der niederbayerischen Metropole Landshut, auf die der 131 Meter hohe Backsteinturm des Münsters herabschaut.

baute *Burg Trausnitz*. Sie zählt zu den wertvollsten und besterhaltenen Burgen in Deutschland. Sie wurde über die Jahrhunderte immer wieder verändert und 1578 im Stil der Renaissance zum Schloß umgebaut. Es entstanden die herrlichen Arkadenbögen und die einzigartigen Fresken der sogenannten Narrentreppe, die Figuren der Comedia dell' arte darstellen. Ein Kleinod ist außerdem die mittelalterliche Burgkapelle mit einem Kruzifix und Figuren, die um 1250 entstanden.

Radverleih
In Landshut (Bundesbahn).

Radreparatur
• *Landshut:* Fahrrad Geißler, Ländgasse 126, Tel. (08 71) 2 25 19; Zweirad Eckert, Zweibrückenstr. 677, Tel. (08 71) 2 22 86; Zweirad Pritscher, Neue Bergstr. 10, Tel. (08 71) 4 22 04.

Übernachtungen unterwegs
• *Markt Ergoldsbach:* Hotel-Gasthof Dallmayer, Hauptstr. 16, Tel. (0 87 71) 12 10.
• *Ergolding:* Hotel Rosenhof, Festplatzstr. 3, Tel. (08 71) 97 58 00; Gasthof Meyer, Dekan-Simbürger-Str. 22 (08 71) 7 34 07. • *Landshut:* Große Auswahl an Hotels, Gasthöfen und Pensionen.

Preiswerte Unterkunft
• *Landshut:* Jugendherberge Ottonianum, Richard-Schirrmann-Weg 6, Tel. (08 71) 2 34 49.

Camping
• *Landshut:* Campingplatz Mitterwöhr, Breslauer Str. 122, Tel. (08 71) 5 33 66.

Einkehrmöglichkeiten
In Markt Ergoldsbach, Mirskofen, Ergolding und Landshut.

Auskunft
• 84030 Ergolding: Marktverwaltung, Lindenstr. 25, Tel. (08 71) 7 60 30. • 84028 Landshut: Verkehrsverein, Altstadt 315, Tel. (08 71) 92 20 50.

Landkarten
ADFC-Radtourenkarte 1:150 000, Blatt 23 »Bayerischer Wald – Donau«.

Am Ortsrand von Altheim liegt die Kirche St. Andreas, in der sich herrliche gotische Fresken finden.

28

28 Von Landshut nach Landau

Landshut – Niederaichbach – Niederviehbach – Loiching – Dingolfing – Mamming – Landau

Ausgangsort
Das Stadtzentrum von Landshut. Landshut liegt nahe der A92 im Tal der Isar. Bahnanschluß.

Zielpunkt
Die Isarbrücke in Landau. Rückkehrmöglichkeit von Landau nach Landshut mit der Bahn.

Gesamttourenlänge
49 km.

Zeitbedarf
4 Stunden Fahrzeit.

Etappen
Landshut – Niederaichbach: 16 km; Niederaichbach – Dingolfing: 15 km; Dingolfing – Mamming: 9 km; Mamming – Landau: 9 km.

Steigungen
Keinen nennenswerten Steigungen.

Geländestruktur
Großteils auf Kieswegen am rechten Ufer der Isar entlang.

Günstigste Jahreszeit
Vom Frühjahr bis in den Spätherbst.

Sehenswertes
• *Niederaichbach:* Schloß. • *Niederviehbach:* Kloster; Kirche mit Pfarrstadl. • *Dingolfing:* Altstadt mit Herzogsschloß, Hochbrücke, Pfarrkirche und Türmen. • *Usterling:* Kirche. • *Zulling:* Kirche mit »Teufelstritt«. • *Landau:* Altstadt mit Kirchen, Herzogschloß und Museen.

Variante
Von Landshut nördlich der Isar über Ohu (Kernkraftwerk!) bis Niederaichbach.

Wir beginnen die Tour im Zentrum von **Landshut** und radeln über die ***Altstadt*** zur Heilig-Geist-Kirche am Ufer der Isar. Hinter dem Gotteshaus rechts und nach kurzer Fahrt links über die Brücke am Stauwehr. Auf dem Radweg fahren wir links bis zu einer Holzbrücke, über die wir wieder auf das rechte Ufer wechseln. Dort biegen wir in die erste Straße links ein und finden nach kurzer Fahrt links einen Weg, der uns wieder zum Isarufer führt. Jetzt folgen wir permanent dem rechten Ufer der Isar. Am ***Stausee Niederaichbach*** schwenkt unser ruhiger Radweg nach rechts zur Straße, der wir links nach **Niederaichbach** folgen.
Im Ort radeln wir geradewegs über die Vorfahrtsstraße und biegen am Ortsende links in eine Seitenstraße. Sie bringt uns wieder zum ruhigen Kiesweg, der dem Ufer der Isar folgt. Vorbei an **Niederviehbach** und **Loiching** erreichen wir **Dingolfing**. Hier besteht die Möglichkeit, rechts einen Abstecher in das Stadtzentrum zu unternehmen. Keimzelle Dingolfings ist die ***Unterstadt***, die schon um 800 urkundlich erwähnt wurde. Beherrschendes Bauwerk ist die eindrucksvolle spätgotische Pfarrkirche St. Johannes, in der von der ehemals reichen Ausstattung noch einige wertvolle spätgotische Plastiken und das große Kruzifix am Gewölbe erhalten sind. Die ***Oberstadt*** ist eine Wittelsbacher-Gründung des 13. Jahrhunderts, die erst nach und nach mit der einst dem Regensburger Bischof unterstellten Unterstadt zusammenwuchs. Rund um die Oberstadt sind Reste der mittelalterlichen Mauer und zwei Türme erhalten. Die um 1600 erbaute Hochbrücke sicherte der Oberstadt den Zugang zum Hinterland. Ein schöner Backsteingiebel ziert das 1421 erbaute ***Herzogsschloß***, in dem heute ein Museum zur Stadtgeschichte untergebracht ist.

Der *Isarradweg* bleibt in Dingolfing immer nahe der Isar. Es werden zwei Straßenbrücken unterquert und entlang der Isar fahren wir an **Gottfrieding** vorbei nach **Mamming**. Vorbei an **Benkhausen** und **Usterling** mit seiner hübschen Kirche erreichen wir eine weitere Isar-Staustufe. Nach **Zulling** fahren wir unter der großen Straßenbrücke hindurch und treffen einen Kilometer weiter an der Isarbrücke in Landau ein. Rechts führt uns die Hauptstraße über einen teils steilen Berg in das Zentrum von **Landau** hinauf. Die Stadt wurde 1224 von Ludwig dem Kelheimer gegründet. Im Österreichischen Erbfolgekrieg wurde im Jahre 1743 der

Rund um die Oberstadt von Dingolfing, die im 13. Jahrhundert von den Wittelsbachern gegründet wurde, blieben Reste der alten Stadtbefestigung erhalten.

mittelalterliche Ortskern fast vollständig zerstört. In der barocken ***Pfarrkirche*** findet man neben dem sehenswerten Hochaltar verschiedene gotische Schnitzarbeiten und am Chorbogen ein spätgotisches Kreuz. Die neugotischen Altäre in der ***Friedhofskirche Heilig Kreuz*** bergen einige wertvolle spätgotische Bildwerke. Die barocke Steinfelskirche wurde als Dank für die Verschonung Landaus im Dreißigjähringen Krieg erbaut. Besuchenswert ist vor allem das ehemalige Herzogsschloß, der sogenannte ***Kastenhof***. In ihm ist das Niederbayerische Vorgeschichtsmuseum mit seinen umfassenden Sammlungen untergebracht.

Auf stillen Kieswegen folgt der Isarradweg dem rechten Flußufer. Angenehme Rastplätze laden immer wieder zu einer Pause ein.

Radreparatur

• *Niederaichbach:* G. Obst, Brennerweg 5a, Tel. (0 87 02) 81 23. • *Niederviehbach:* Fa. Baywa, Hauptstr. 2, Tel. (0 87 02) 7 68. • *Loiching:* Fa. Unterholzner, Weigendorfer Str. 3, Tel. (0 87 31) 83 44. • *Dingolfing:* Zweirad-Center, Brumather Straße, Tel. (0 87 31) 7 36 70. • *Gottfriedingerschwaige* (nördlich Gottfrieding): H. Böhm, Hauptstr. 26, Tel. (0 87 31) 37 26 60. • *Landau:* Fa. Hies, Hauptstr. 35-37, Tel. (0 99 51) 5 94 49; Fa. Kühnbeck, Höckinger Str. 42, Tel. (0 99 51) 82 35.

Übernachtungen unterwegs

• *Niederaichbach:* Pension Kirchenwirt, Friedhofstr. 5, Tel. (0 87 02) 14 32.
• *Niederviehbach:* Gasthof zum Binderbräu, Hauptstr. 60, Tel. (0 87 02) 22 55; Gasthaus Loichinger, Hauptstr. 57, Tel. (0 87 02) 23 73.
• *Loiching:* Pension R. Scheugenpflug, Berghamer Str. 5, Tel. (0 87 31) 84 05. • *Dingolfing:* Mehrere Hotels, Gasthöfe und Pensionen. • *Gottfriedingerschwaige* (nördlich Gottfrieding): Gasthaus Oberes Batzenhäusl, Hauptstr. 29, Tel. (0 87 31) 7 13 76.
• *Mamming:* Mehrere Hotels und Gasthöfe.
• *Landau:* Aparthotel Isarpark, Straubinger Str. 36, Tel. (0 99 51) 9 81 90; Gästehaus Numberger, Dr.-Aicher-Str. 2, Tel. (0 99 51) 9 80 20; Gasthof zur Post, Hauptstr. 86, Tel. (0 99 51) 5 94 41; Gasthof Reitinger, Eiselwörthstr. 27, Tel. (0 99 51) 5 93 26.

Camping

• *Mammingerschwaigen* (nördlich Mamming): Campingplatz Mossandl-Weiher, Tödinger Str. 2, Tel. (0 99 55) 9 30 50. • *Rappensberg* bei Landau: Camping auf dem Bauernhof Fam. Lex, Rappensberg 1, Tel. (0 99 51) 5 93 42.

Einkehrmöglichkeiten

In Niederaichbach, Niederviehbach, Loiching, Dingolfing, Gottfrieding, Mamming und Landau.

Auskunft

• 84100 Niederaichbach: Rathaus, Isarstr. 6, Tel. (0 87 02) 9 40 40. • 84183 Niederviehbach: Rathaus, Schulstr. 1, Tel. (0 87 02) 7 91.
• 84130 Dingolfing: Stadtverwaltung, Dr.-Josef-Hastreiter-Str. 2, Tel. (0 87 31) 5 01 25.
• 94437 Mamming: Verwaltungsgemeinschaft Mamming, Hauptstr. 15, Tel. (0 99 55) 9 31 10.
• 94405 Landau: Stadtverwaltung, Marienplatz 2, Tel. (0 99 51) 94 10.

Landkarten

ADFC-Radtourenkarte 1:150 000, Blatt 23 »Bayerischer Wald – Donau«.

29 Von Landau nach Niederalteich am Donauradweg

Landau – Ettling – Plattling – Maxmühle – Niederalteich

Wir beginnen die Tour an der Isarbrücke in **Landau** und folgen dem Isarradweg, der uns auf stillen Wegen an der rechten Flußseite entlangführt. Wir radeln an **Unterframmering** und **Zeholfing** vorbei.

Ausgangsort
Die Donaubrücke in Landau. Landau liegt nahe der A92 im Tal der Isar. Bahnanschluß.

Zielpunkt
Niederalteich am Donauradweg.

Gesamttourenlänge
39 km.

Zeitbedarf
3 Stunden Fahrzeit.

Etappen
Landau – Ettling: 10 km;
Ettling – Isarbrücke Plattling: 10 km;
Isarbrücke Plattling – Maxmühle: 7 km;
Maxmühle – Niederalteich 12 km.

Steigungen
Keine nennenswerten Steigungen.

Geländestruktur
Durch die Auwälder im Tal der Isar.

Günstigste Jahreszeit
Vom Frühjahr bis in den Spätherbst.

Sehenswertes
• *Plattling:* Altstadt mit Kirchen. • *Maxmühle:* Infozentrum Isarmündung. • *Grieshaus:* Naturschutzgebiet Untere Isar. • *Niederalteich:* Kloster.

Nach einer Rast im Biergarten an der Grafenmühle läßt sich die stille Landschaft im Naturschutzgebiet Isarmündung mit neugewonnener Kraft erkunden.

Entlang der aufgestauten Isar erreichen wir das ***Kraftwerk bei Ettling*** und wechseln auf dem Stauwehr vorübergehend auf die linke Flußseite. Hier halten wir uns rechts und folgender Beschilderung des Isarradweges, die uns über den neu angelegten Dammweg leitet. Eine Straßenbrücke bringt uns bald zum rechten Isarufer zurück. Wir halten uns links und radeln an **Niederpöring** vorbei am Isarufer bis zur ***Staustufe*** bei **Plattling**. Links über das Stauwehr führt eine Variante des Isarradweges, die durch Plattling nach Deggendorf läuft. Wer nur in Plattling Station machen möchte, der folgt der Beschilderung in das Stadtzentrum. Zurück zum beschriebenen Weg radelt man auf der B8 und biegt nach der Isarbrücke in die erste Seitenstraße zur Linken.

Wir bleiben rechts der Isar und folgen der Teerstraße geradewegs bis zur B8. Jenseits der Bundesstraße finden wir eine schmale Seitenstraße, radeln unter der Eisenbahnlinie durch und dann im Bogen um Friedhof und Kirche. Am Damm entlang geht es in die waldreichen Isarauen.

Am Ende der Etappe bringt uns die Radlerfähre über die Donau nach Niederalteich. Dort finden wir neben Einkehr- und Übernachtungsmöglichkeiten die herrliche Klosterkirche.

Ein neuer Radweg, der 1998 schon großenteils fertiggestellt war, schlängelt sich durch die amphibische Landschaft. Nach drei Kilometern halten wir uns rechts und folgen der Beschilderung nach Maxmühle. Vor dem Gasthaus ***Grafenmühle*** in **Maxmühle** treffen wir auf eine schmale Teerstraße. An dieser Stelle zeigt das ***Infohaus Isarmündung*** Wissenswertes von der einzigartigen Auenlandschaft im Naturschutzgebiet an der Isarmündung.

Wir halten uns links und radeln auf der schmalen Straße nach **Isarmünd**. Im Weiler halten wir uns rechts (Ww. Grieshaus) und folgen dem Sandsträßchen, bis wir auf eine Teerstraße treffen. Links erreichen wir nach kurzer Fahrt die **Wirtschaft Grieshaus**.

Unmittelbar hinter dem Gasthaus führt uns ein Steg rechts über einen Kanal. Nach wenigen Metern halten wir uns links und fahren auf einem Schottersträßchen am Damm entlang. Der Weg knickt bald nach rechts und geht danach in ein Teersträßchen über, das uns zu einer Kreuzung kurz vor **Thundorf** führt. Scharf links geht die Straße zur nahen Radlerfähre ab, mit deren Hilfe man nach **Niederalteich** übersetzen kann. Geradeaus führt der ***Donauradweg*** nach Vilshofen und Passau (Tour 24).

Radreparatur
• *Plattling:* Fa. David, Preysingplatz 15, Tel. (0 99 31) 27 33.

Übernachtungen unterwegs
• *Ettling:* Gasthaus Plankl, Osterhofener Str. 9, Tel. (0 99 37) 2 07. • *Plattling:* Mehrere Hotels und Gasthöfe. • *Maxmühle-Moos:* Gasthaus Grafenmühle, Tel. (0 99 38) 5 31. • *Niederalteich:* Große Auswahl an Pensionen und Privatzimmern.

Camping
• *Niederalteich:* Siehe Tour 24.

Einkehrmöglichkeiten
In Ettling, Niederpöring, Plattling, an der Grafenmühle, im Grieshaus und in Niederalteich.

Auskunft
• 94447 Plattling: Rathaus, Preysingplatz 1, Tel. (0 99 31)7 08 66. • 94554 Moos: Infozentrum Isarmündung an der Maxmühle – Gemeindeverwaltung Moos, Tel. (0 99 38) 9 50 20. • 94557 Niederalteich: Verkehrsamt, Tel. (0 99 01) 66 55.

Landkarten
ADFC-Radtourenkarte 1:150 000, Blatt 23 »Bayerischer Wald – Donau«.

30 Von Passau nach Schärding und zurück

Passau – Wernstein – Schärding – Neuhaus am Inn – Vornbach am Inn – Passau

Ausgangsort
In Passau der »Fünferl Steg« über den Inn. Passau liegt am Zusammenfluß von Donau, Inn und Ilz. Bahnanschluß.

Zielpunkt
Die Tour führt zum Ausgangspunkt zurück. Vom Umkehrpunkt Schärding Rückkehrmöglichkeit mit der Bahn nach Passau.

Gesamttourenlänge
35 km.

Zeitbedarf
3 Stunden Fahrzeit.

Etappen
Passau – Wernstein: 10 km;
Wernstein – Schärding: 6 km;
Schärding – Vornbach am Inn: 4 km;
Vornbach am Inn – Passau: 15 km.

Steigungen
Keine nennenswerten Steigungen.

Geländestruktur
Durch das enge, von steilen Hängen begrenzte Tal des Inn.

Günstigste Jahreszeit
Vom Frühjahr bis in den Spätherbst.

Sehenswertes
• *Wernstein:* Burg Wernstein, Pfarrkirche und »Vornbacher Enge« des Inn. • *Schärding:* Barocke Altstadt und Stadtbefestigung. • *Neuhaus a. Inn:* Schloß. • *Vornbach am Inn:* Kloster.

Zu beachten
Bei Telefonaten von Deutschland nach Österreich statt der 0 am Anfang der Vorwahlnummer die östreichische Landesvorwahl 00 43 wählen.

Wir beginnen die Tour am Innufer der Altstadt von **Passau**. Um zum östlichen Innufer überzuwechseln, bieten sich zwei Möglichkeiten an. Entweder wir benutzen die Straßenbrücke, die unterhalb des Doms zur *Innstadt* hinüberführt. Dort halten wir uns rechts und folgen der Beschilderung des *Inntalradweges*, die uns nahe am Museum im Kastell Boiotro vorbeiführt und uns zum Innufer leitet. Oder wir fahren auf der Straße am Westufer des Inns von der Altstadt kurz flußauf und benutzen dann den sogenannten »*Fünferl Steg«*, um zum Ostufer des Inns überzusetzen. Hier finden die beiden Wegvarianten wieder zusammen. Zwischen Fluß und Bahnlinie radeln wir mehrere Kilometer auf ruhiger Strecke und treffen kurz vor Wernstein auf eine Teerstraße, auf der wir rechts durch den Ort radeln. In **Wernstein** bewacht die auf einem Fels erbaute mittelalterliche *Burg* die Flußenge. Neben der im Privatbesitz befindlichen Burg, die nicht besichtigt werden kann, bietet sich an der großen *Mariensäule* von 1646 ein herrli-

cher Rastplatz. Gegenüber erhebt sich über dem steilen Waldhang die zum Renaissance-Schloß umgebaute Burg von ***Neuburg am Inn***, deren Bauten zum Großteil im 14. Jahrhundert entstanden. Am Ortsende von Wernstein wird die Bahnlinie überquert und die Straße führt uns im Auf und Ab durch die sogenannte Vornbacher Enge bis zum Ortsrand von Schärding. Dort biegen wir rechts ein, queren die Bahnlinie und radeln an Inn und Pram entlang bis zur Straßenbrücke. Wir fahren rechts über die Pram und folgen der Hauptstraße durch das Stadttor in die Altstadt von **Schärding**. An der Straßengabelung halten wir uns links und radeln zum ***Stadtplatz*** hinauf. Schon früh war die Halbinsel, die Inn und Pram umschließen, besiedelt. Im Mittelalter wuchs an diesem bevorzugten Platz eine wohlhabende Stadt, die vom Handel auf Inn, Donau und Salzach profitierte. In geschlossener, farbenfroher Front umstellen die barocken Bürgerhäuser mit ihren geschwungenen Giebeln den Stadtplatz. Sie brachten Schärding den Ruf der schön-

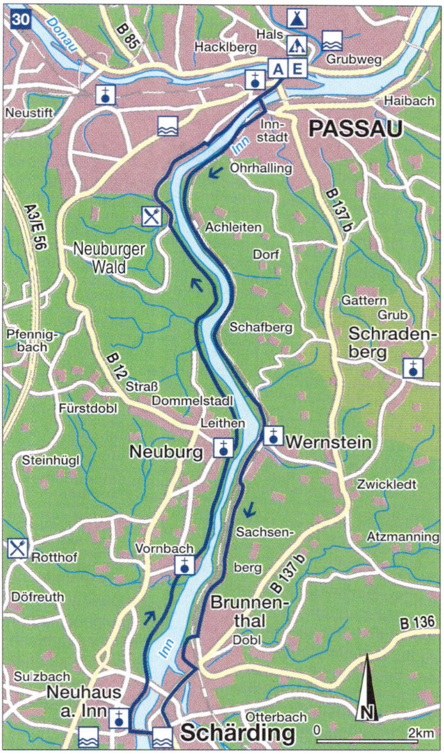

Von Schärding geht der Blick über den Inn zum Barock-Schloß von Neuhaus.

Seinen farbenfrohen und reich geschmückten Barock-Häusern verdankt Schärding den Ruf als schönste Barock-Stadt in Österreich.

sten Barock-Stadt Österreichs ein. Deutlich ist der Reichtum abzulesen, den der Handel mit Salz und anderen Waren einbrachte. So ist der Name ***Silberzeile***, den der Straßenzug trägt, zu erklären. Reich gefüllt mit Silbermünzen waren die Säckel der betuchten Händler. Von der alten Stadtbefestigung sind einige Abschnitte erhalten geblieben. Das mächtige ***Linzer Tor*** und das ***Wassertor*** markieren die einstige Stadtgrenze, im ***Burgtor*** ist das städtische Museum untergebracht und im ***Schloßtor*** das Heimatmuseum.

Am Ende des Stadtplatzes folgen wir rechts der Beschilderung nach Neuhaus, überqueren den Inn und biegen am Westufer in die erste Straße zur Rechten. Wir fahren am Fluß entlang zum Wasserschloß am Rande von **Neuhaus**. Schon im Mittelalter stand hier am Ufer des Inns eine von Wasser umgebene Burg, die Mitte des 18. Jahrhunderts zum ausladenden ***Barock-Schloß*** umgebaut wurde. Nach dem Schloß, das heute ein Kloster beherbergt, halten wir uns rechts. Nach 500 Metern quert unser Weg die Hauptstraße und führt uns in ruhiges Bauernland. An den folgenden Weggabelungen halten wir uns rechts und erreichen in **Vornbach** eine Vorfahrtsstraße. Auf ihr nach rechts bis vor die Gebäude der ehemaligen ***Benediktinerabtei***. Das im Mittelalter gestiftete Kloster wurde im 18. Jahrhundert zu einem großzügigen Barock-Bau umgestaltet. Die Klosterkirche ist mit barocken Altären, Fresken und Stuck ausgestattet. In den Seitenkapellen findet man zwei sehenswerte spätgotische Schnitzwerke und den wertvollen Grabstein der Klosterstifter aus dem 14. Jahrhundert.

Vor dem Klostertor fahren wir kurz nach links und biegen danach rechts in einen Wirtschaftsweg, der uns zurück zum Inn führt. Auf schöner Strecke, vorbei am Klettergarten bei Neuburg und der mächtigen Burg, die hoch über uns zu erahnen ist, folgen wir jetzt permanent dem Innufer. Am Stadtrand von Passau schwenkt der Weg vom Ufer weg, um am Ausgangspunkt unserer Tour, dem »Fünferl Steg«, wieder auf den Inn zu stoßen. Geradeaus geht es von hier zurück in die Altstadt von **Passau** (siehe Tour 25). Hält man sich neben dem Steg links, ist der Bahnhof von Passau bald erreicht.

Radverleih
In Passau (Deutsche Bahn) und Schärding (Österreichische Bundesbahn).

Radreparatur
• *Wernstein:* Gasthof Wendl, Haus 51, Tel. Ö-(0 77 13) 70 76. • *Schärding:* Zweirad Moser, Tel. Ö-(0 77 12) 27 31; O. Schlewitz, Tel. Ö-(0 77 12) 24 35. • *Passau:* Siehe Tour 25.

Übernachtungen unterwegs
• *Wernstein:* Größere Auswahl an Gasthöfen und Pensionen. • *Schärding:* Große Auswahl an Hotels, Gasthöfen und Pensionen. • *Neuhaus a. Inn:* Hotel Alte Innbrücke, Finkenweg 7, Tel. (0 85 03) 80 01; Pension W. Schacherbauer, Tannenweg 1, Tel. (0 85 03) 5 89. • *Vornbach:* Pension Ch. Urlberger, Schauerödstr. 10, Tel. (0 85 03) 80 57. • *Neuburg am Inn:* Mehrere Gasthöfe und Pensionen. • *Passau:* Große Auswahl an Hotels, Gasthöfen und Pensionen.

Camping
• *Passau:* Siehe Tour 25.

Einkehrmöglichkeiten
In Wernstein, Schärding, Neuhaus am Inn, Vornbach am Inn und Passau.

Auskunft
• A-4783 Wernstein: Tourismusverband, Raiffeisenbank Wernstein, Tel. (0 77 13) 69 63.
• A-4780 Schärding: Tourismusverband, Unterer Stadtplatz 19, Tel. (0 77 12) 4 30 00.
• 94152 Neuhaus am Inn: Fremdenverkehrsamt, Klosterstr. 1, Tel. (0 85 03) 9 11 10. • 94127 Neuburg am Inn: Gemeindeverwaltung, Raiffeisenstr. 6, Tel. (0 85 07) 9 00 80. • 94032 Passau: Tourist Information, Rathausplatz 3, Tel. (08 51) 95 59 80.

Landkarten
ADFC-Radtourenkarte 1:150 000, Blatt 23 »Bayerischer Wald – Donau«.

Informationen für Radwanderer

Das richtige Fahrrad

Die beschriebenen Radtouren führen alle entlang der Donau und ihrer Nebenflüsse durch ideales, nahezu steigungsfreies Terrain für Genußradler. Auf etwas stärkere Anstiege trifft man lediglich bei den Touren 11 und 21, die auf kürzeren Abschnitten durch Hügelland von einem Flußtal zum nächsten wechseln. Da selbst diese Etappen nicht allzu anstrengend sind, sind die heute üblichen, mit mehreren Gängen ausgestatteten Sport- und Trekkingräder für die beschriebenen Radwanderungen mehr als ausreichend. Abzuraten ist von Rennrädern mit schmalen Reifen, da die Touren immer wieder über unbefestigte Wege führen. Gute Packtaschen und ein kleines Ersatzteilsortiment bieten auf einer längeren Radreise den nötigen Komfort und die Sicherheit, kleinere Pannen selbst zu beheben. Wenn irgend möglich, sollte man für eine längere Radreise sein eigenes Fahrrad benutzen, das man zuvor perfekt auf seine individuellen Bedürfnisse einstellen kann. Die Bahn bietet ausreichend Möglichkeiten für An- und Rückreise auch mit dem Fahrrad. Auf kürzeren Strecken kann das Rad in Regional- und Eilzügen im dafür vorgesehenen Radabteil selbst eingeladen werden. Auf längeren Strecken ist eine Reservierung für das Rad nötig, das vom Bahnpersonal eingeladen wird. Es muß in jedem Fall eine Radkarte gelöst werden. Informationen erhält man an jedem Bahnhof oder telefonisch von der Deutschen Bahn Hotline, Tel. (01 80) 3 19 41 94.

Fahrradverleih

Grundsätzlich ist das eigene Fahrrad einem geliehenen vorzuziehen. Sollte man dennoch auf ein Leihrad angewiesen sein, bieten in vielen Orten entlang der Strecke private Verleiher Fahrräder an. Die Räder müssen jedoch meist am Verleihort wieder abgegeben werden, scheiden also für die Durchführung einer Radreise entlang der Donau aus. Als Alternative bietet sich vor allem die Deutsche Bahn an, deren Räder an den Bahnhöfen am Zielort wieder abgegeben werden können. Für nähere Auskünfte steht die Deutsche Bahn Hotline zur Verfügung, Tel. (01 80) 3 19 41 94. Nachfolgend sind die Radverleihstationen der Deutschen Bahn entlang der beschriebenen Routen aufgeführt.

Bhf. Immendingen, Tel. (0 74 62) 62 07;
Bhf. Deggendorf, Tel. (09 91) 40 68;
Bhf. Passau, Tel. (08 51) 5 30 43 97;
Bhf. Landshut, Tel. (08 71) 6 42 82.

Einkehr und Übernachten

In nahezu allen Dörfern und Städten entlang der beschriebenen Radwege bieten Gasthöfe die Möglichkeit für eine erfrischende Einkehr und das Kennenlernen der regionalen Küche. Übernachtungsmöglichkeiten in Hotels, Gasthöfen und Pensionen sind aus Platzgründen nur aufgeführt, wenn am Ort maximal drei Beherbergungsbetriebe vorhanden sind. Bei Preisunterschieden sind die preiswertesten

Unterkünfte am Schluß genannt. Die Telefonnummern erleichtern es, am Zielort ein Zimmer vorzubestellen. Alle aufgeführten Betriebe sind auf Radfahrer eingestellt und vermieten die Zimmer auch für eine einzige Übernachtung. In Orten mit einer größeren Anzahl von Gaststätten wende man sich bitte an die im Anhang zu jeder Tour aufgeführten Auskunftsstellen, die gerne ein Zimmer vermitteln. Preiswerte Unterkünfte in Jugendherbergen und ähnlichen Einrichtungen sind ebenso wie die Campingplätze entlang der Radwanderwege vollständig aufgelistet.

Mit Kindern unterwegs

Die meisten Touren führen auf ruhigen Straßen oder Radwegen am Fluß entlang, Steigungen sind selten, eher kurz und nicht extrem. Damit sind gute Voraussetzungen für mitradelnde Kinder gegeben, soweit sie über eine gewisse Radfahrpraxis verfügen, verkehrssicher und auch ein wenig ausdauernd sind. Das gilt zumeist für ein Alter ab etwa zehn Jahren. Die für Kinder besonders zu empfehlenden Etappen und Touren – die sich durch kürzere Strecken oder interessante Erlebnismöglichkeiten auszeichnen – haben wir im Inhaltsverzeichnis und bei der Tourenüberschrift mit dem Kindersymbol gekennzeichnet.

Wichtige Adressen

Die Adressen aller Informationsbüros entlang der beschriebenen Routen sind im Anhang zu jeder Tour aufgeführt. Überregionale Auskünfte zum Donauradweg und den Abstechern entlang der Nebenflüsse erteilen:

Arbeitsgemeinschaft Deutsche Donau,
Postfach 1540,
86620 Neuburg a. d. Donau,
Tel. (0 84 31) 5 72 37;

Touristverband Ries,
Marktplatz 1,
89720 Nördlingen,
Tel. (0 90 81) 43 80 oder 8 41 16;

Informationszentrum
Naturpark Altmühltal,
Notre Dame 1,
85072 Eichstätt,
Tel. (0 84 21) 67 33;

Tourismusverband Ostbayern,
Luitpoldstr. 2,
93047 Regensburg,
Tel. (09 41) 58 53 90.

Ortsregister

Kursive Ziffern verweisen auf Abbildungen, geradestehende auf Textstellen.

Ortsregister